CW01337416

© 2005 Alvik éditions,
www.editionsalvik.com
ISBN : 2-914833-29-6

Les Nouveaux
Anglais

DÉJÀ PARUS AUX ÉDITIONS ALVIK

*Travelling sur les années noires :
l'Occupation vue par le cinéma
français depuis 1945*
Michel Jacquet

*L'Allemagne de Berlin :
différente et semblable*
Alfred Grosser

*La puissance russe :
un puzzle à reconstituer ?*
Michael Thumann

*La Turquie :
une étoile montante ?*
Stephen Kinzer

Cuba : tout changera, demain…
Ben Corbett

*Géopolitique de la Roumanie :
regards croisés*
Jacques Barrat, Dan Berindei,
Jean-Paul Bled, Claudia Moisei

Portraits de Chine
Frédéric Koller

*L'Iran des réformes avec Shirin
Ebadi, prix Nobel de la paix*
Katajun Amirpur

*Les Pays Baltes : indépendance
et intégrations*
Antoine Jacob

Les guerres nouvelles
Herfried Münkler

*La Guerre du Sonderbund :
la Suisse de 1847*
Pierre du Bois

*Le traité de Versailles vu par
ses contemporains*
Collectif

La France : semblable et différente
Alfred Grosser

François-Vincent Raspail
Patricia et Jean-Pierre Bédéï

De Gaulle : au-delà de la légende
Julian Jackson

*Churchill :
un guerrier en politique*
Sebastian Haffner

*Talleyrand, un seul maître :
la France*
Duff Cooper

*Fidel Castro :
« El Comandante »*
Volker Skierka

*Le souvenir de tout ça :
Amours, politique et cinéma*
Betsy Blair

Athénaïs de Montespan
Lisa Hilton

*Sartre et Camus :
Amitié et combat*
Ronald Aronson

*Jean-Paul II :
le marathonien de Dieu*
Andreas Englisch

Bioéthique : avis de tempête
Jean-Yves Nau, Hervé
Chneiweiss

Pierre Soulages : au-delà du noir
Russell Connor

*Au fil du sable : balade
poétique en Mauritanie*
Michel Bacchetta

Le croque-mort a la vie dure
Tim Cockey

Le croque-mort à tombeau ouvert
Tim Cockey

Le croque-mort préfère la bière
Tim Cockey

L'ombre de la Napola
Reiner Sowa

Agnès Catherine Poirier

Les Nouveaux Anglais

Clichés revisités

Préface de Jean Tulard

ALViK
EDITIONS

2 rue Malus, Paris V°

*À
Buzz Baum*

*Sois sans crainte : cette île est pleine de rumeurs,
De bruits, d'airs mélodieux qui charment sans nuire.*

William Shakespeare

Préface

La perfide Albion ne nous épargna guère au temps de Napoléon. « Mangeurs de grenouilles » était la flèche la moins acérée du carquois anti-français des pamphlétaires londoniens. Ce fut pire au temps de Fachoda. Et aujourd'hui encore les tabloïds ne sont pas très aimables à l'égard de nos dirigeants s'ils s'avisent de traverser la Manche.

Et dire que, sans Jeanne d'Arc, nous eussions formé un seul peuple, aujourd'hui sous une même reine !

Un seul peuple ? Trop de différences nous séparent. Et c'est nous Français qui nous plaisons à les souligner. Il y eut le colonel Bramble d'André Maurois et le major Thompson de Pierre Daninos. L'Anglais fut longtemps représenté chez nous sous les traits de Mr Pickwick un verre de porto à la main.

Le portrait serait plus nuancé actuellement, si l'on en croit Agnès Catherine Poirier, ancienne élève de la Sorbonne, de Sciences-Po et de la London School of Economics, chroniqueuse à la radio française et anglaise et critique de cinéma, qui nous propose un nouveau tableau de la Grande-Bretagne.

De l'Angleterre et des Anglais rien ne lui échappe. Elle porte sur eux un regard léger, ironique mais finalement amical. Qui a dit que l'humour était une spécialité anglaise ?

Jean Tulard,
membre de l'Académie
des Sciences morales et politiques.

Avant-propos

L'homo sapiens anglais, à seulement 2 h 40 de la Gare du Nord, continue à offrir au visiteur de passage et à l'ami de longue date un champ d'observations infini et un abîme de perplexité. La mondialisation et la standardisation des conditions et styles de vie en Europe occidentale n'ont rien changé au sentiment d'exotisme que l'on éprouve en franchissant la Manche. Drôle de type que l'Anglais, sacré loustic, si proche et pourtant si lointain, si différent et si excentrique. S'agit-il d'un cliché ? Oui. Et comme tout cliché, il contient une part de vérité sinon on ne l'aurait pas inventé. Et puis, comme a dit un historien, toute idée fausse cache un fait vrai[1].

Les stéréotypes nationaux demeurent inévitables. Le plus souvent, maniés avec doigté et précaution, ils peuvent aider à la compréhension de l'Autre. Mais une fois maîtrisé, digéré, le cliché n'attend qu'une chose : se faire crever comme une bulle. Ce qui permet d'ailleurs de voir un peu plus loin.

Le problème du cliché est qu'il a souvent trois trains de retard par rapport à la réalité qu'il a de toute façon entrepris de tordre. D'où un décalage temporel et psychologique vis-à-vis de l'objet étudié souvent cocasse. Pensez à la façon dont Michael Moore présente les différents pays de la coalition entrés en guerre contre l'Irak dans son film *Fahrenheit 9/11*. Il choisit d'utiliser des images folkloriques du début du XXe siècle

---

1. D'après Jean-Noël Jeanneney, dans *Stéréotypes nationaux*, Éditions Odile Jacob, 2000.

pour représenter chaque pays allié aux États-Unis. Et ça donne quoi par exemple ? *Nosferatu* de Murnau représentant la Roumanie. Ne nous offusquons pas, mais rions ! Moore sait ce qu'il fait.

Fermons les yeux. Quand on pense à la Grande-Bretagne, que voit-on ? Dans le désordre : les grilles de Buckingham Palace, une tasse de thé fumante, les punks de Carnarby Street, le visage de Marianne Faithfull, le château sombre d'Edimbourg, une pinte de Guinness dégoulinante sur un comptoir de pub, la pompe immuable de la relève de la garde, Margaret Thatcher et son sac à main fermement tenu sous son bras, la Tour de Londres, Tony Blair, les cigares de Churchill, la Tamise de la Révolution industrielle peinte par Turner, les requins découpés et conservés dans le formol de l'artiste Damian Hirst, les devantures *trendy*[1] de Harvey Nichols, les illuminations de Noël d'Oxford Street, Lady Di, Sherlock Holmes dans son appartement de Baker Street, les pelouses vertes des collèges de Cambridge, les transats de Hyde Park, Trafalgare Square, Sean Connery dans James Bond, les gentlemen dans leurs clubs interdits aux femmes, les visages noirs des mineurs gallois, Big Ben, les double-deckers, ces autobus rouges à un étage, Boy George, les banquiers en chapeau melon de la City... La liste est longue.

En 1995, anglophile enragée, je franchissais la Manche pour y terminer mes études d'histoire. Pourquoi choisir la Grande-Bretagne ? En raison de clichés bien encrés dans ma conscience. Des clichés nourris par l'Histoire, la littérature et le cinéma : le flegme plein d'humour et le courage héroïque des Anglais pendant le Blitz, Sherlock Holmes et Shakespeare, l'anglais parlé par Georges Sanders[2], les

---

1. À la mode.
2. Acteur anglais jouant souvent à Hollywood les fourbes distingués (autrement dit la figure stéréotypée de l'Anglais vu par l'Amérique). On a pu le voir, entre autres, dans *Rebecca* d'Hitchcock, *Voyage en Italie* de Rosselini, *Le portrait de Dorian Gray* d'Albert Lewin, *Le fantôme de Madame Muir* et *All about Eve* de Mankiewicz.

Avant-propos

films de Karel Reisz et Lindsay Anderson. Sans oublier mon goût pour le thé et mon amour des Maltesers[1] et des shortbreads[2] écossais.

Neuf ans plus tard, mon anglophilie assagie et raisonnée, il me semble salutaire et urgent de faire la peau à des clichés surannés et de montrer en quoi ils ont disparu ou évolué. Et de les revisiter, métamorphosés.

---

1. Petites boules de malt enrobées de chocolat longtemps introuvables ailleurs qu'en Angleterre.
2. Biscuits au beurre.

Apologies

L'art de s'excuser
à tout bout de champ

Voilà la Grande-Bretagne où les gens s'excusent auprès des réverbères après s'y être cognés.
> Cassandra Jardine,
> journaliste et écrivaine anglaise.

Nos amis Britanniques s'excusent de tout et à tout bout de champ. Mieux vaut le savoir et ne pas s'en étonner. Ce n'est pas qu'ils s'excusent réellement, non, ce serait plutôt un réflexe à géométrie variable.

L'art de l'excuse varie selon les milieux. Comme on peut s'y attendre en Grande-Bretagne, il représente une arme de reconnaissance sociale, un art pratiqué avec toute une panoplie de nuances. Dans les classes moyenne-supérieure (*upper middle class*) et aristocratique (*upper class*), plus on s'excuse plus on est chic. Le "I'm sorry"[1] ne saurait suffire, il s'agit d'avoir l'excuse claironnante et emphatique. Bien plus chic en effet de dire "I'm so sorry"[2] en insistant sur la deuxième syllabe. Voire "I'm so so sorry"[3]. Ou de s'offrir le nec plus ultra : "I'm awfully sorry"[4]. Évitez seulement le : "I'm truly awfully sorry"[5]. Vous passeriez pour un *dandy*.

---

1. « Je suis désolé. »
2. « Je suis vraiment désolé. »
3. « Je suis vraiment, mais alors, vraiment, désolé. »
4. « Je suis terriblement désolé. »
5. « Je suis sincèrement et terriblement désolé. »

Les Nouveaux Anglais

Petit guide pratique de l'excuse à l'anglaise : avant d'insulter quelqu'un, surtout procédez aux avertissements d'usage, excusez-vous d'abord : "I'm really sorry to say so but you're real bastard."[1] Cela n'amoindrit pas votre insulte mais permet de la livrer dans les formes. Ce qui n'est pas le cas de l'insulte à la française, considérée par nos amis anglais comme le comble de grossièreté car assénée sans précaution.[2]

En politique, particulièrement, l'excuse fleurit plus que jamais. Ainsi depuis l'été 2003 où se déroula l'affaire Kelly[3], les Britanniques n'en finissent pas de se demander : quand diable Tony Blair s'excusera-t-il d'avoir entraîné, sous un faux prétexte, le pays dans la guerre en Irak ? À chaque discours, prise de position publique, débat à la Chambre des communes, conférence de parti, les commentateurs posent invariablement la même question : va-t-il, oui ou non, s'excuser ? Justement, à la conférence du parti travailliste qui s'est tenue à Brighton en septembre 2004, ils ont enfin décelé dans les propos du Premier ministre l'ébauche d'un début de repentir. Ils ne sont cependant pas d'accord sur la façon de la qualifier : Blair s'est-il livré à une « apologie »[4] ou à une « excuse » ? L'importance sémantique est de taille.

Au pays où l'excuse tient de l'arme, les circonvolutions autour de l'exercice prennent des dimensions politiques impressionnantes. Ainsi, après le verdict du juge Hutton dans la querelle opposant la BBC et Downing Street, querelle ayant fait un mort

---

1. « Je suis désolé de vous dire que vous êtes un parfait salaud. »
2. Du style : « Espèce de salaud ».
3. Rappelez-vous, c'était en juillet 2003, l'expert en armement David Kelly se suicide après avoir confié à un journaliste de la BBC que Downing Street a « gonflé » les preuves de l'existence d'un arsenal aux mains de Saddam Hussein. Downing Street demande à la BBC de lui présenter des excuses publiques, met à pied son expert, celui-ci se suicide, et le juge Hutton est chargé d'une enquête sur les circonstances de sa mort. Son verdict livré en janvier 2004 incrimine la BBC et blanchit Downing Street.
4. En français, « apologie » veut dire : discours visant à défendre une action.

Apologies

— l'expert David Kelly — la BBC a dû déposer les armes. Cependant, ses dirigeants ont manœuvré savamment. Si la corporation, acculée, et respectueuse de la décision de justice, se plia à l'exercice de l'excuse publique, et livra sur un plateau les têtes de ses président et directeur, ceux-ci ne s'excusèrent pas personnellement. Raffinement dans l'art de l'excuse : "How to say sorry — without apologising."[1] En pareil cas, l'arme tordue française du « responsable mais non coupable » aurait pu servir.

À étudier ces quelques exemples de joutes publiques autour du besoin d'excuse, voire de déculottée, on ne peut que s'interroger sur ce goût du supplice chez nos voisins anglais. Richard Sennett, commentateur politique et professeur en sociologie à la London School of Economics, explique le phénomène de « l'auto-flagellation, si étrangement populaire en Grande-Bretagne. » « S'administrer de temps à autre quelques doses de vérité va au-delà de la simple tactique politique, elle procure en fait une délicieuse et excitante douleur. »[2] Et le souvenir des belles années de collèges où la pratique du martinet et de la règle en fer imprimait sa marque dans les consciences. Ah, ce serait donc ça ! On comprend mieux.

Notons que la dernière curiosité littéraire parue en Angleterre s'intitule *The Apologist*. Son auteur, Jay Rayner, a même créé un site internet, the-apologist.co.uk, consulté chaque jour par une moyenne de 10 000 internautes. Ceux-ci peuvent y consigner leurs excuses, lisibles par tous. En tête du palmarès, les excuses faites aux amants et époux (20 % d'entre elles). Suivies de celles présentées à la famille et aux amis (12 %). Les autres repentants font amende honorable devant leurs employeurs et professeurs, enfin, envers les étrangers avec qui ils ont été grossiers dans la rue ou le bus. Détail curieux : quel que soit le motif, ce sont surtout les femmes qui s'excusent. Mais ces

---
1. « Comment dire que vous regrettez sans vous excuser. »
2. Dans un article paru dans *The Guardian*, 27 septembre 2000.

excuses cachent souvent des reproches, ou même des insultes (voir plus haut). On peut ainsi lire des : "I'm sorry you left me on my birthday"[1] ou des "I'm sorry I ever met you"[2]. Drôles d'excuses.

Jay Rayner, se décrit comme « le maître apologiste ». Son livre raconte l'histoire d'« un homme qui décide de s'excuser de tout le mal qu'il a commis dans sa vie, et le fait si bien qu'il est nommé maître ès-apologie aux Nations Unies. »

Finalement, on se dit que cette contrition permanente maladive provient peut-être du manque d'une culture de la confession comme celle qui règne dans les pays catholiques. Évidemment, il serait risqué d'en déduire à l'inverse que les Français qui, si souvent, oublient tout bonnement de s'excuser, se sont délestés de leurs diverses repentances au confessionnal du coin. On peut penser aussi qu'il existe un plaisir inavouable à dire tout le temps pardon.

---

[1]. « Je suis désolée que tu m'aies quitté le jour de mon anniversaire. »
[2]. « Je suis désolé de t'avoir jamais rencontré. »

Beatles et Rolling Stones

Les rois de la pop et du rock

Les Beatles sont les Beethoven de notre époque.
  Larry Granger, un auditeur américain
    à l'antenne de la BBC.

Rois de la pop et du rock, incontestablement. Ses inventeurs et ses fidèles indéfectibles. Qu'on soit pop façon Beatles ou rock manière Rolling Stones, impossible de ne pas s'incliner. Des Smiths à Elton John en passant par U2, Led Zeppelin, les Pink Floyd, Tom Jones, Police, Queen, David Bowie, Cliff Richard ou même Oasis, la Grande-Bretagne a produit les *mods*[1] et les *rockers* les plus visionnaires.

Les trentenaires se souviennent avec nostalgie de la fin des années 1980, lors de leurs premiers voyages linguistiques dans le sud de l'Angleterre des modes *punk*, crêtes chevelues et colliers de chiens à picots, et maquillage *gothic* rouge à lèvres et vernis à ongles noir. Ils n'ont rien oublié des heures dans le car ou sur la plage à écouter religieusement les Cure, The Housemartins, les Communards, Kate Bush, Depeche Mode, ou encore Boy George. Autant de voix insensées : baryton (Dave Gahan de Depeche Mode), contralto (Jimmy Somerville des Communards), chuchotements de chatte (Kate Bush), grincements de dents (Robert Smith des Cure) et harmonie suave de George Michael.

---

1. Surnom donné aux amateurs de pop version Beatles.

Les Nouveaux Anglais

Quant aux quadras et aux quinquas, ils versent une larme dès l'évocation de groupes comme les Who, les Sex Pistols ou les Clash.

Pour rassembler les générations, un seul nom, magique, les Beatles. 40 ans plus tard, ils semblent avoir gardé intact leur pouvoir sur les foules. Écoutez un fan s'exprimant au micro d'une émission rock : « Les Beatles sont sans conteste le groupe pop le plus important de tous les temps. Lennon, McCartney, Harrison et Starr sont les quatre planètes d'un cosmos dont la rencontre a provoqué un véritable cataclysme, une explosion musicale jamais connue avant, jamais égalée depuis. » Et un autre : « Les Beatles sont plus importants que toute la famille royale réunie. » Inutile d'en dire davantage, les Beatles ont été élevés au rang de dieux planétaires. Leur siège spirituel se trouve à Liverpool, ville de leurs débuts qui vient de rebaptiser son aéroport international *John Lennon Airport*. Même les Romains n'ont pas osé débaptiser leur aéroport Léonard de Vinci en faveur de Jean-Paul II. Les Beatles plus forts que la papauté !

Seul Beatles encore vaillant, Paul McCartney, promu chevalier de l'Empire britannique par la Reine, continue à surfer comme un dieu de l'Olympe sur la vague pop : il compose, chante solo… et touche ses royalties. En 2003, ses revenus ont atteint 40 millions de livres sterling, soit 57 millions d'euros, faisant de lui la dixième personne la mieux payée de Grande-Bretagne[1].

Le rock et la pop britanniques ne se limitent heureusement pas aux Beatles. Replongeons-nous dans les années Thatcher, période faste d'inspiration et de révolte des jeunes rockeurs anglais. En février 1982, Paul Weller du groupe The Jam caracole en tête de *Top of the Pops*[2] avec une chanson dont le refrain commence ainsi : "*It's enough to make you stop believing*

---
1. Source : *Sunday Times Playlist 2003*, publiée le 2 novembre 2003.
2. Émission célèbre de la BBC, compte à rebours des tubes les plus populaires de la semaine.

Beatles et Rolling Stones

when tears come fast and furious in a town called Malice."[1] Désenchantement et fureur dominent le milieu rock et punk. Chômage, guerre des Falklands, tensions raciales et grève des mineurs servent de combustible à leur inspiration. Le groupe légendaire The Clash a ainsi vu le jour dans cette atmosphère chargée. Elvis Costello écrit *Shipbuilding*. Il y condamne la guerre contre l'Argentine : *"Diving for dear life... when we could be diving for pearls."*[2] De son côté, Jimmy Somerville, l'activiste homosexuel et chanteur des Communards écrit dans sa chanson *Reprise* : *"She'd privatise your mother, if given half a chance"*[3] et dédie son premier CD à « Margaret Hilda Thatcher ».

Aujourd'hui, les rockers anglais trouvent plus difficile de se révolter contre Tony Blair, l'ami des stars. La Dame de Fer, elle, offrait le repoussoir idéal.

---

1. « Quand les larmes coulent, rapides et furieuses, dans une ville nommée Malice, inutile de continuer à croire. »
2. « Plonger pour sauver sa peau... alors que l'on pourrait plonger pour trouver des perles. »
3. « Elle privatiserait ta mère si elle en avait l'occasion. »

Binge drinking[1]

Comment boire, boire, boire encore, et puis vomir

Contrairement à la coutume en Grande-Bretagne, les Français ont tendance à boire pour le plaisir et le goût, plutôt qu'avec l'intention expresse de se saouler.
Caroline Wyatt,
correspondante de la BBC en France.

Il y a des gens qui aiment l'escalade, moi j'aime sortir pour me saouler.
Abigail, 23 ans.

Vous vous rappelez sûrement de feu la Reine-Mère, maman d'Elizabeth II et mamie adorée du prince Charles, confite dans le gin, qui vécut jusqu'à 102 ans. Ses biographes estimaient sa consommation moyenne à une bouteille de gin par jour. « Ça conserve ! » avait-elle lancé, espiègle, à l'un des tout derniers vétérans de la Grande guerre qui lui avait confié avoir, lui aussi, un faible pour le divin breuvage.

Lors d'un déjeuner royal demeuré célèbre, la *Queen Mum*, l'œil malicieux, rabroua sa fille quand celle-ci demanda un deuxième verre de vin : "Is that wise ? You know you have to reign all afternoon."

---

1. Littéralement : se gorger d'alcool (jusqu'à ne plus pouvoir lever son verre).

(autrement dit : « Est-ce bien raisonnable ? N'oublie pas que tu dois régner tout l'après-midi. »)

Le gin, le vin, à chacun son remontant. Quant à Margaret Thatcher, depuis sa sortie de l'arène politique en 1991, elle avoue un penchant prononcé pour le scotch.

Queen Mum, Maggie, ces deux exemples parmi d'autres illustrent l'histoire d'amour des Britanniques avec l'alcool. Le *binge drinking* représente en effet un sport national pratiqué dans les rues des villes du Royaume les vendredi et samedi soir, ou en semaine, au pub, dès la sortie des bureaux. Le concept du *binge drinking* consiste à boire, boire, boire, « jusqu'à en oublier son nom ».

Selon les statistiques du ministère de l'Intérieur britannique, 70 % des urgences à l'hôpital le week-end sont dues au *binge drinking*. Cette manie coûte au pays plus de 20 milliards de livres par an (soit 29 milliards d'euros), notamment en dégradation de matériel et baisse de la productivité au travail (17 millions de journées chômées à cause de gueules de bois[1]).

Le *binge drinking* est devenu un tel phénomène de société que le taux de mortalité par cirrhoses du foie qui baisse partout ailleurs en Europe, a augmenté en Grande-Bretagne. « La possibilité de mourir d'une cirrhose du foie pour les hommes et les femmes entre 35-44 ans est huit fois plus élevée que dans les années 1970 » selon Liam Donaldson, conseiller médical du gouvernement Blair. Tony Blair a d'ailleurs nommé le *binge drinking* « la nouvelle maladie britannique ».

Au fait, concrètement, ça consiste en quoi exactement le *binge drinking* ? Selon la définition du gouvernement, cette activité implique de boire « au minimum une bouteille de vin en l'espace de quelques heures » ou de « dépasser la consommation régulière de 21 unités d'alcool, soit 21 verres de vin ou spiritueux, par semaine ». En Grande-Bretagne, 40 % d'hommes et 25 % de femmes entrent en titubant dans cette caté-

---

1. Une étude du Prime Minister's Strategy Unit (septembre 2003).

Binge drinking

gorie. En France, seulement 9 % des hommes et 5 % des femmes tiennent la comparaison.

Comment le visiteur étranger de passage découvre-t-il le *binge drinking* ? Prenons un exemple vécu parmi d'autres. Un vendredi soir de juin 2004, balade sur le front de mer à Brighton : des jeunes gens boivent à la paille des "buckets of joy" (littéralement des sceaux remplis de vodka-limonade), d'autres titubent déjà, des bagarres débutent devant les night-clubs, des jeunes filles vomissent dans le caniveau, deux couples d'adolescents font l'amour sur la plage, à la vue des passants, enfin, d'autres jeunes gens sont affalés, apparemment inconscients, sur le trottoir. Heureusement, la santé publique veille : les sirènes des ambulances résonnent au loin.

À noter que les Anglaises rivalisent maintenant avec les mâles. Celles-ci, d'après David Blunkett, ministre de l'Intérieur britannique, au lieu de calmer le jeu lorsque monte la tension dans les pubs et bars du royaume, ajoutent à la violence verbale et attisent les rixes du samedi soir. Piliers de pubs, elles sont connues sous le sobriquet de *lager loutettes* (autrement dit, « sacs à bière femelles ») ou tout simplement *ladettes* (féminin de *lad* : « gars ». Autrement dit, « garces »).

Si les Anglaises lèvent le coude autant que les hommes, les ados ne sont pas en reste. D'après une étude menée par la fondation Joseph Rowntree, 30 % des 15-16 ans se soûlent au moins une fois par semaine.

Élevé au rang de hobby national, le *binge drinking* méritait des « stages de vacances ». Certaines destinations prisées des Britanniques sont ainsi devenues en quelques années des endroits où le *binge drinking* se pratique comme un loisir. Ainsi, l'île de Faliraki en Grèce, parmi d'autres hauts lieux de l'éthylisme, attire 350 000 Britanniques assoiffés par an. À tel point que, en 2003, le gouvernement grec a officiellement saisi Tony Blair du problème et que la police du Lancashire a dépêché une dizaine d'agents auprès de la police locale. La main dans la main, ils étudient les différents

Les Nouveaux Anglais

moyens de résoudre ce qu'ils nomment pudiquement « les débordements permanents ». Un commissariat a ouvert ses portes au centre de l'île et engagé 30 officiers de police bilingues qui ne plaisantent pas avec la loi. Le nombre des amendes a fait un bond. Ainsi, la jeune Jemma-Anne Gunning, 18 ans, a dû choisir entre payer une amende de £1 750 (soit 2 500 euros) ou passer 8 mois en prison pour avoir montré ses seins aux passants, durant toute une nuit de beuverie.

Les agents bilingues ont vraiment fort à faire avec les « stagiaires » britanniques. Une des activités favorites des jeunes Anglais à Faliraki se nomme le *pub crawl*. Ce nouveau passe-temps consiste à aller de bar en bar, en vidant deux bouteilles à chaque étape. Afin de lutter contre ce genre de marathon alcoolisé, M. Iatrides, gouverneur de l'île, a annoncé de nouvelles règles, lors d'une conférence de presse donnée à Londres. Il a précisé qu'il est interdit aux tour-opérateurs de conduire des groupes de plus de 50 personnes dans plus de 4 bars consécutifs.

Mais laissons nos jeunes soûlots avaler leurs derniers godets à Faliraki et adressons plutôt nos affectueux hommages aux géniaux Winston Churchill, Albert Finney, Peter O'Toole, Richard Burton, Richard Harris ou encore Trevor Howard. Grands artistes et sublimes pochetrons qui ont su élever l'éthylisme à la hauteur d'un art. *Bottoms up !*[1]

---

1. Cul sec !

Bingo !

Ces joueurs invétérés

Le jeu, c'est comme un gorille de 400 kg qui vient de s'échapper de sa cage.

Tom Grey,
un joueur à l'antenne de la BBC.

Les Britanniques adorent jouer. À la balle, au croquet, au ballon, au polo, à pied, à cheval et en voiture. Au loto, au bandit-manchot, à la roulette, aux cartes, au bingo, aux courses. Ils adorent jouer et parier. Parier sur n'importe quoi, la température qu'il fera demain ou l'année prochaine à la même heure, la couleur du chapeau de la Reine, le 1er mai. Et naturellement, comme tout le monde, ils aiment gagner. Plus ils jouent, plus ils veulent gagner, et plus la compétition devient intense. Mais s'ils perdent, ils sont beaux joueurs, car ils savent que, bientôt, ils gagneront, simple jeu de probabilité. Combien de fois gagneront les parieurs cette année ? Pari pris.

La crise traversée par le cinéma britannique dans les années soixante-dix et quatre-vingt, avec une chute vertigineuse de la fréquentation des salles qui a désolé les cinéphiles, a fait le bonheur de centaines de milliers de fanatiques du bingo en Grande-Bretagne. Des centaines de vieux cinémas se sont ainsi transformés en *bingo halls* où jeunes et vieux dépensent leur paye ou leur pension tous les week-ends, un sourire béat aux lèvres. Car le bingo représente la version soft du

Les Nouveaux Anglais

gambling[1]. La plupart ne s'y livrent pas uniquement pour l'argent. Ce qui les intéresse avant tout : rencontrer de nouvelles têtes. À tel point que ces *bingo halls* représentent l'un des cœurs de la vie sociale britannique. Ces endroits accueillants offrent aux femmes et hommes de toutes générations, divorcés ou veufs, des lieux plus rassurants que les clubs ou les pubs. De plus, ils rapportent à l'État des revenus non négligeables : 261 millions de livres de taxes collectées en 2002, soit 378 millions d'euros. Sans parler de l'emploi salarié qu'ils représentent. 20 000 personnes travaillent dans les 705 *bingo halls* de Grande-Bretagne. Pied-de-nez de l'histoire : avec le récent retour de flamme des amateurs de cinéma et la forte hausse de la fréquentation des salles depuis 1995, les mamies folles de jeu doivent s'accrocher à leur *bingo hall* de quartier. Elles savent que certains rêvent aujourd'hui de les (re)transformer en multiplexes.

Et le loto dans tout ça? Il n'arrive au pays de Shakespeare qu'en 1994 mais se hisse, en seulement dix ans, à la deuxième place[2] parmi les 192 loteries existantes au monde ! Aujourd'hui, 30 millions d'Anglais jouent régulièrement au loto et un adulte sur deux s'y adonne chaque semaine. Les machines à sous? On en compte près de 300 000 réparties dans les différents casinos, palais des jeux et pubs du pays. Chaque jour, les Britanniques leur sacrifient 28 millions de livres sterling (soit 40,5 millions d'euros).

Rien n'arrête ces accros du jeu. Une nouvelle loi, la première en trente ans, va même encourager leur manie en libéralisant toute l'industrie. Elle va notamment autoriser l'implantation de casinos dans le centre des villes. Les Britanniques rapportent déjà 42 milliards de livres par an à l'industrie du jeu (soit 61 milliards d'euros), on a du mal à imaginer le montant des recettes après le vote de la loi ! L'État, l'un des bénéficiaires de ce hobby national, se frotte les

---

1. Jeu.
2. Nombre de billets vendus.

Bingo!

mains. Il aurait bien tort de ne pas en profiter davantage. Des vaches à lait heureuses et consentantes, ça se caresse dans le sens du poil.

Cette folie fait pourtant des ravages. D'après une récente étude de la *British Amusement Catering Trade Association*, un demi-million de Britanniques, soit presque 1 % de la population, se droguent littéralement au jeu. Selon les termes de l'étude, ce sont des « malades qu'il faut soigner ».

Parmi ces malades, citons l'anglais Ashley Revell, 32 ans. Dans un casino de Las Vegas, le 12 avril 2004, mû par une inspiration divine, il joue quitte ou double toute sa fortune à la roulette. Soit 76 840 livres (111 300 euros). Rouge, rien ne va plus. Ashley repart avec 153 680 livres dans sa poche. L'événement est évidemment retransmis en direct par la chaîne de télévision anglaise Sky One. Faisant ainsi d'autres émules.

Bientôt, les joueurs anglais à la recherche de sensations fortes n'auront plus à prendre l'avion pour Las Vegas. Blackpool se met à ressembler à la célèbre mecque du jeu. De fausses pyramides et des sphinx géants, clignotant de tous leurs néons, vont bientôt illuminer le bord de mer, traditionnellement dédié aux « loisirs ». Loisirs ? Le jeu fait en effet partie officiellement de cette catégorie selon l'observatoire des statistiques nationales. À Blackpool, cinq nouveaux casinos-hôtels sont à l'étude dont le Palace du Pharaon, palais des jeux ouvert 24 heures sur 24. Il alignera pour ses fans 2 500 machines à sous, 70 tables de jeu et 500 chambres d'hôtel. Ouverture prévue en 2006.

Qui a eu l'idée d'encourager ces casinos-hôtels géants ? Les parlementaires britanniques. Ils expliquent, sans sourciller, dans un pavé de 300 pages, que « ces grands complexes de jeu façon Las Vegas devraient être construits seulement dans les régions de fort chômage », comme Blackpool. Appauvrir davantage les pauvres en les encourageant à donner leurs assedics à gober aux bandit-manchots, une trouvaille. Le même rapport recommande cependant aux dits casinos géants de verser une taxe au bénéfice de

Les Nouveaux Anglais

la caisse de secours des *Gamblers Anonymous*[1] et autres brûlés de la roulette. La morale est sauve. Élémentaire, mon cher Watson.

Nous avons gardé pour la bonne bouche la passion favorite de nos curieux voisins. Le pari. Les Britanniques parient bien sûr, à l'ancienne, en topant là, dans le creux de la main, et chez les *bookmakers*. Mais aussi désormais via leur téléphone portable, par internet et télévision interactive. La passion du pari, *betting* dans le texte, les prend à propos de n'importe quoi, à toute heure du jour et de la nuit. À titre d'exemple : le discours du Budget du chancelier de l'Échiquier (ministre de l'Économie) déclenche chaque mois d'avril une véritable fièvre chez les *bookies*[2]. Les paris sont ouverts sur le nombre de fois où il se resservira de l'eau pendant son discours à la Chambre des communes, combien de fois il éternuera ou se mouchera. Ne riez pas, le pari est une institution très sérieuse outre-Manche. En juillet 2004, un résident du Surrey a parié toutes ses économies, soit 25 500 livres sterling (environ 37 000 euros) que la Grèce gagnerait le championnat européen de foot. Trois semaines plus tard, le parieur récupérait treize fois sa mise, soit 332 000 livres (481 000 euros) auprès du bookmaker William Hill. Un record digne du Guinness Book, autre invention anglaise.

---

1. Joueurs Anonymes, à l'instar de l'AAA, l'Association des Alcooliques Anonymes.
2. Surnom donné aux *bookmakers* ayant tous pignon sur rue. La chaîne William Hill, fondée en 1934, possède ainsi 1 500 boutiques de paris en Grande-Bretagne. Elle prend également les paris par téléphone de 300 000 parieurs de par le monde.

Bollywood[1]

La montée en puissance de la troisième génération indo-pakistanaise dans la culture britannique

Kiss my chuddies ![2]

> Expression anglo-hindi
> passée dans le langage courant.

Entre *My Beautiful Laundrette*[3] et *Coup de foudre à Bollywood*[4], 15 ans. 15 ans au cours desquels les *British Asians*[5] ont réussi à s'imposer à tous les échelons de la société.

---

1. Pour résumer, Bollywood désigne l'industrie cinématographique basée à Bombay, productrice d'environ 800 films par an (8 fois la production française). Bollywood : jeu de mots et contraction sémantique entre Bombay et Hollywood.
2. Autrement dit *Kiss my ass*, que l'on peut traduire approximativement par « Parle à mon cul ! ».
3. Écrit par Hanif Kureishi et réalisé par Stephen Frears, ce film de 1989 a été l'un des premiers à mettre en scène une histoire d'amour de deux homosexuels, l'un Anglais et l'autre fils d'immigré pakistanais.
4. Écrit et réalisé par Gurinder Chadha, sorti en France en décembre 2004. Il s'agit de l'adaptation « bollywoodienne » d'un classique de la littérature anglaise : *Pride and Prejudice* de Jane Austen.
5. Au nombre de 2 millions, ils composent 3,5 % de la population britannique. Ils se divisent en 1 million de personnes d'origine indienne, 750 000 d'origine pakistanaise et 250 000 d'origine du Bangladesh. 96 % des *British Asians* vivent en Angleterre dont 43 % à Londres et sa région selon le recensement de 2001. À Londres, les Indiens se retrouvent principalement dans les quartiers d'Ealing, de Brent et Harrow ; les Pakistanais à Walthamstow, Newham et Ealing ; et les Bangladeshis à Tower Hamlet, Newham et Camden.

Les Nouveaux Anglais

La troisième génération de Britanniques d'origine indo-pakistanaise a investi tous les recoins de la vie anglaise, de la cuisine au salon, du petit au grand écran, des scènes de théâtre jusqu'à la langue de Shakespeare.

Cuisine ? *But of course*. Le *chicken tikka masala* ou bien encore le classique curry d'agneau sont devenus des plats nationaux en Grande-Bretagne au même titre que le *fish and chips* et la plâtrée de haricots blancs à la sauce tomate. Les restaurants « indiens »[1] emploient à eux seuls plus de 70 000 personnes dans le pays soit plus que les industries du charbon, de l'acier et des chantiers navals réunis[2].

Les *British Asians* ne se sont pas seulement imposés dans la cuisine de chaque Anglais mais également dans son salon, sur son petit écran. La fameuse série *Eastenders*, série culte de la BBC depuis 20 ans, a accueilli en juin 2003 une nouvelle famille : les Ferreira qui, comme leur nom ne l'indique pas, sont d'origine indo-pakistanaise. Toujours pour la BBC, la réalisatrice-scénariste-écrivain-actrice Meera Syal a signé la série *The Kumars at No 42*, parodie de la vie d'une famille « typiquement » indienne vivant à Wembley, quartier nord londonien. Les Kumars ont fait construire un studio de télévision dans leur jardin et y animent leur *chat show*. Moitié fiction, moitié *talk-show* improvisé, le succès de la série a été immédiat.

Au cinéma, le goût des *British Asians* pour le cinéma *Bollywood* a fait des petits. Et pas seulement chez les petits-enfants d'immigrés arrivés après la partition de l'Inde en 1947. De nombreux Britanniques, sans aucun lien avec l'ancienne colonie, sont devenus des adeptes fervents de ce cinéma qui les dépayse, et les change des films hollywoodiens dont les exploi-

---

1. À Londres, les touristes se ruent à Brick Lane, pour savourer la cuisine indienne. Ce qu'ils ne savent pas, c'est que les 46 restaurants indiens du quartier ne sont plus ce qu'ils étaient. Loin de là. Tous se battent pour proposer le menu le moins cher. Résultat, on y mange très mal. Un conseil, filez à Wembley ou Southall pour déguster un bon curry !
2. D'après Paul Barker dans *The Guardian* du 13 avril 2004.

tants de salles de cinéma sans imagination, les assomment chaque semaine. Leur engouement pour ce cinéma est tel que deux ou trois films en langue hindi se trouvent chaque année dans le palmarès des dix meilleures recettes du box-office britannique, en bonne place à côté des *Harry Potter* et *James Bond*.

Le côté sentimental des Britanniques semble bien s'accommoder de ces films à l'eau de rose, tournés en deux semaines avec une poignée de roupies, et les mêmes stars qui se relaient d'un plateau de tournage à l'autre. La recette Bollywood : une histoire d'amour, pas un centimètre de nudité mais beaucoup de scènes de vêtements mouillés (il fait chaud pendant la mousson), des histoires de mariages arrangés heureux ou malheureux où l'on chante et danse toutes les cinq minutes. Les filles sont superbes et les garçons un peu bellâtres et replets. Ces films durent au moins quatre heures.

Les acteurs d'origine indo-pakistanaise attirent également l'attention du public britannique. Jimi Mistry, beau gosse de 30 ans, fait ainsi le bonheur des premiers films et gentilles comédies de mœurs (comme dans *Un soupçon de rose* de Ian Iqbal Rashid et *Le Gourou et les femmes* de Daisy von Scherler Mayer). Chez les réalisateurs, Gurinder Chadha est passée en dix ans du statut d'auteur-réalisateur, avec son premier film *Bhaji on the beach*, à celui de héraut du cinéma commercial populaire, avec *Joue-la comme Beckham* et *Coup de foudre à Bollywood*.

Au théâtre, une *comedian*[1], remporte beaucoup de succès. Shazia Mirza, jeune femme voilée, qui s'est d'abord fait remarquer pour son auto-dérision, « je suis musulmane, porte le *hijab* et j'arrive quand même à vous faire rire ! ». Elle a fini par gagner ses galons de comique en retirant son voile et en faisant rire, tout court.

L'influence des jeunes *British Asians* ne s'arrête pas là. Ils ont réussi à mettre leur marque sur la langue de

---

1. Faux-ami voulant dire « comique ».

Les Nouveaux Anglais

Shakespeare, rien de moins. Dressez l'oreille à Londres et vous entendrez des mots nouveaux d'origine hindi, ceux là même qui s'apprêtent à entrer dans l'*Oxford English Dictionnary*. Une consécration. C'est ce qu'on appelle le *Hinglish*. Exemples : Dans la série *The Kumars at No 42*, l'actrice Meera Syal a immortalisé l'usage de *chuddies* pour sous-vêtements ou *badmash* pour *naughty* (c'est-à-dire coquin). L'insulte d'origine hindi *Kiss my chuddies* veut dire, vous l'aurez compris, *Kiss my ass*. Les linguistes britanniques s'attendent à voir déferler dans les prochaines années un véritable dialecte *hinglish*.

Grincheux de tout poil ne se sont pas fait attendre pour dénoncer la fin de la pureté de la langue anglaise. Ils devraient cependant se souvenir que celle-ci a toujours été un véritable bouillon de culture, une des langues les plus perméables et créatives, ouvertes aux acrobaties et néologismes en tout genre. On oublie en effet trop souvent le nombre incalculable de mots français utilisés dans la langue anglaise ainsi que ceux d'origine hindi. Lesquels ? *Bungalows*[1], *shampoo*[2], *toddy*[3], *thugs*[4].

---

1. Bungalow !
2. Shampooing.
3. Boisson chaude et épicée.
4. Voyous.

British Humour

Pas de doute,
ils sont toujours les plus drôles

Il est plus facile de faire rire les Britanniques que de faire même sourire les Français.
          Derek Malcom, critique de films.

Pas de doute, les Britanniques nous feront toujours rire. Même si cela est parfois dû à leurs mimiques impayables plus qu'à leur humour souvent hermétique. La preuve : le succès jamais démenti de leurs comédies, en littérature, au théâtre, au cinéma et à la télévision. De Shakespeare à Dawn French dans *Absolutely Fabulous*, en passant par Noël Coward, Graham Greene et Benny Hill, sans oublier *Tueurs de dames*[1], les Monty Python et *Mr Bean*[2] : on ne peut s'empêcher de s'esclaffer.

L'humour britannique a ses sujets de prédilection. Tout d'abord, le sexe. Mais surtout la relation au sexe. Compliquée, tortueuse, maladroite, elle est à la source d'une bonne partie de leur humour. Il suffit de se souvenir des aventures de Benny Hill, ou de la série des Carry On. Celle-ci, dans des intrigues toujours renouvelées, mettait en scène les mêmes personnages : l'homosexuel précieux et refoulé, le play-boy de bas étage

---
1. Du réalisateur Alexander McKendrick avec Alec Guinness et Peter Sellers.
2. Alias Rowan Atkinson.

Les Nouveaux Anglais

et la vamp à grosse poitrine qui n'a pas inventé le fil à couper le beurre. Benny Hill, lui, aime se frotter aux demoiselles en petite tenue qui, immanquablement, le pourchassent de leurs assiduités. Personne ne s'interroge sur le sex-appeal improbable de cet homme mûr et mou. Encore un fantasme du quinquagénaire moyen anglais. Pour les Britanniques, on ne peut que rire du sexe.

Autre aspect de l'humour britannique, l'irrévérence. Cette insolence toute anglaise, qui ne se départit jamais de politesse et défait les carrières d'hommes politiques, force l'admiration de Français trop habitués à la révérence face au Pouvoir. N'oublions pas ce que les *Guignols de l'Information* doivent à leurs confrères de *Spitting Image* et, côté impertinence, jetons un coup d'œil à *Private Eye*.

Private Eye est à l'humour anglais ce que *Le Canard Enchaîné* est à la politique française : incontournable et indispensable. Vital. Fils naturel d'un groupe d'amis, étudiants à Oxford dans les années 1950, *Private Eye* évolue au milieu des années 1960 de son statut de magazine de potaches aux plaisanteries un peu crasses, en un véritable magazine satirique. Sous ses airs légers de feuille de ragots et de bons mots, *Private Eye* représente aujourd'hui une véritable arme politique et un puissant contre-pouvoir grâce à ses enquêtes, menées sur des sujets que bien des quotidiens britanniques n'osent toucher. Sur ses couvertures, des personnages publics expriment leurs « véritables pensées » dans des bulles. Parmi ses rubriques, on trouve *St Albion Parish News*, chronique satirique anti-Blair dépeignant Blair comme le vicaire de la paroisse de St Albion, le *Poetry Corner*, composé de nécros écrites par le faux poète adolescent E.J. Thribb et qui commencent toutes par : « Hé bien, adieu donc... ». On y trouve aussi la chronique sportive de Sally Jockstrap, incapable de se souvenir des scores et résultats des uns et des autres.

Certaines expressions ne sont compréhensibles que des *happy few*. Sachez donc que « Relations d'Ouganda » veulent dire « aventures adultérines », que « Brenda » fait référence à la reine Elizabeth II, que les journalistes parlent de « l'organe » pour désigner le magazine (d'où un nombre incalculable de plaisanteries d'un goût douteux). *The Guardian* devient *The Grauniad* en raison de ses nombreuses coquilles, le *Telegraph* est le *Torygraph*, et le *Daily Express* se cache sous le sobriquet de *Daily Getsworse*[1], *Daily Getsmuchworse*[2] ou encore *Daily Sexpress* (son patron, Richard Desmond, est l'ancien « baron de la presse porno »). La liste est longue.

Il n'est pas rare que leurs unes défrayent à tel point la chronique que les services de vente de journaux des magasins WH Smith retirent le magazine de leurs rayons. À la mort de la princesse Diana, la couverture montrait la foule aux portes de Buckingham avec le titre : *Media to Blame*[3]. On y voyait un lecteur se plaindre de ne pouvoir trouver le journal. Un autre lui répondait : « Prenez le mien, il y a même une photo de la voiture. »

Dans le même genre, impossible d'oublier les réparties du journaliste Jeremy Paxman. Dans l'émission politique très sérieuse, *Newsnight*, le 6 février 2003, Paxman demande à Tony Blair : « Alors, quand vous vous retrouvez avec George Bush dans son ranch, vous priez tous les jours ensemble ? » Blair, sourire coincé, esquive la question. Paxman revient à la charge. Blair assène un : « Non, Jeremy, non, nous ne prions pas ensemble. Pourquoi le demander ? » Paxman : « C'est d'intérêt national, non ? »

Enfin, l'humour anglais excelle à faire rire de l'absurdité et de la banalité de la vie quotidienne. Les Monty Python et, avant eux, The Goons, ont exploité ce filon et déclenché l'hilarité générale.

Les Monty Python ont en effet beaucoup fait pour le rayonnement de l'humour anglais dans le monde.

---

1. « Le quotidien qui empire. »
2. « Le quotidien qui empire encore plus. »
3. « La faute aux médias. »

Les Nouveaux Anglais

À l'origine, 45 sketches pour la BBC, diffusés entre 1969 et 1974. Puis les Monty Python conquièrent le monde grâce au cinéma (4 films), à une tournée mondiale et à de nombreux livres. Leurs auteurs ? Graham Chapman, John Cleese, Terry Gilliam, Eric Idle, Terry Jones et Michael Palin, tous devenus, individuellement, comiques, acteurs, réalisateurs, commentateurs de la société britannique. La prouesse des Monty Python fut de repousser les frontières de ce que l'on jugeait acceptable à l'époque.

Jones et Palin se sont rencontrés, étudiants, à Oxford tandis que Cleese, Idle et Chapman sont devenus copains à Cambridge. Gilliam a fait la connaissance de Cleese à New York, et ainsi de suite. Un producteur de la BBC finit par tous les réunir autour de *Monty Python's Flying Circus*.

Tous auteurs, hormis Terry Gilliam, leur personnalité demeure cependant bien distincte les unes des autres. Michael Palin, le plus « gentil » des six, pousse les situations ordinaires vers l'absurde. Exemple : des vieilles dames prennent le thé. Soudain, entre deux biscuits, elles en viennent à parler de l'Inquisition. Bientôt, on retrouve les charmantes dames en train de se crêper le chignon. Terry Jones, érudit et homme à tout faire des Python, se met derrière la caméra pour diriger ses amis dans *La vie de Brian* et *Sacré Graal*. Eric Idle, le solitaire du groupe, écrit seul ses sketches et compose les musiques de leurs shows. Ses copains Python le baptisent : « Le roi de la réplique qui tue ». John Cleese est indéniablement le Python le plus connu, notamment pour son humour caustique et surréaliste, et son physique protéiforme. Son rôle fétiche, le fonctionnaire sérieux, costume cravate et chapeau melon, en prise aux tics et aux comportements les plus fous, arrive enfin, après maintes circonvolutions, à son ministère… le *Ministry of silly walks*[1]. On se souvient de Graham Chapman, mort en 1989, dans les rôles de Brian Cohen et du roi Arthur (dans *La vie de Brian*

---

1. Le ministère des Pas Perdus.

et *Sacré Graal*). Quant à Terry Gilliam, les Python le laissent libre de s'adonner à la mise en place et la réalisation des sketches écrits par les autres. Aujourd'hui, trente-cinq ans après leurs débuts, ils parlent toujours de se retrouver un jour.

Enfin, l'humour britannique sait comment briser les rapports de force entre classes sociales. Souvenez-vous de Jeeves et Wooster, les protagonistes des romans de P.G. Wodehouse. Reginald Jeeves, majordome de Bertie Wooster, sauve son maître et ses amis des situations les plus délicates. Le duo, apparu en 1917 et disparu avec la mort de l'auteur en 1974, a parcouru le XXe siècle sans prendre une ride à travers une douzaine de romans et recueils de nouvelles. L'action se situe à l'âge idyllique de l'entre-deux-guerres, à Londres, où Bertie a un appartement et va à son club, ou dans ses différents manoirs de famille dans la campagne anglaise.

Bertie, homme riche, naïf et au grand cœur, vit sous la férule de deux tantes, Aunt Dahlia la maligne, et Aunt Agatha la pocharde. Bertie a le don pour s'empêtrer dans des histoires abracadabrantes, comme lors de ses fiançailles avec Madeline Bassett, femme peu fréquentable dont il ne sait comment se défaire. Au secours, Jeeves! Heureusement, le majordome a plus d'un tour dans son sac. Jeeves est par définition le *gentleman's gentleman*, plus vrai que nature, plus snob que son maître, plus érudit même. Jeeves cite Shakespeare et Keats à tire-larigot, et a des opinions tranchées sur tout : l'usage de la moustache et le port de chaussettes mauves. Entre autres choses. Quand les Britanniques se moquent d'eux-mêmes et de leurs travers, ils sont vraiment les plus forts. Chapeau bas.

Chapeau melon et bottes de cuir[1]

On ne porte plus de chapeau melon en Angleterre !

Nous n'avons considéré qu'une classe sociale – la classe supérieure. Simplement parce que la série représentait un fantasme rêvé. Nous n'avons jamais montré de policiers ou de Londoniens noirs ou indo-pakistanais. Jamais non plus de sang. Chapeau melon et bottes de cuir *n'a aucune conscience sociale.*

Brian Clemens,
co-créateur de *Chapeau melon et bottes de cuir.*

Ah ! John Steed, Emma Peel, Tara King, Purdey et Gambit. Sans oublier Mère Grand. Ces héros de la télévision des années soixante et soixante-dix se sont gravés dans les mémoires des jeunes générations du monde entier. Ils ont fait presque autant pour l'Angleterre que Shakespeare ou la famille royale. Gloire à toi, *Chapeau melon et bottes de cuir* ! L'ingurgitation effrénée de la célèbre série anglaise a fait croire à la majorité de la planète que les Britanniques sont tous des gentlemen nés un *bowler hat*[2] vissé sur la tête, les anglaises, des ladies en minijupes et *panties* pratiquant le judo avec grâce, la voiture de l'Anglais moyen une MGA jaune décapotée en permanence, et son intérieur, un relais de chasse victorien à la décoration

---

1. Étrange traduction du titre original, *The Avengers*.
2. Chapeau melon.

Les Nouveaux Anglais

psychédélique. Comme tous les clichés, ils ne sont pas si éloignés de la vérité. Le *Blow Up* d'Antonioni, avec Vanessa Redgrave et la toute jeune Jane Birkin, dans un tout autre style, ne décrivait-il pas lui aussi exactement cette Angleterre-là ?

Bon, bien-sûr, l'Angleterre de John Steed représente une vision fantasmée du pays, tout comme celle de la France dans *Amélie Poulain*. Pas de nuance dans cette représentation rêvée : une vision sans conscience sociale. L'action de *Chapeau melon et bottes de cuir* se déroule exclusivement dans l'*upper class*, blanche, snob et bien élevée. Pas une goutte de sang sur le parquet luisant de l'appartement de célibataire de Steed alors que les cadavres tombent comme à Gravelotte. Cela ferait mauvais effet. Pas de sexe, mais seulement des allusions subtiles, des regards de biche et des sourires appuyés. La violence y est toute théâtrale, sublimée. Ainsi aucune femme ne se fait descendre, pas même dans le clan des « méchants ». « La série convient parfaitement aux enfants », ont expliqué des psychiatres spécialisés des séries télévisées. Lorsqu'un personnage est supprimé, on imagine très bien l'acteur qui le joue se relever, s'épousseter, toucher son cachet et prendre le bus pour rentrer chez lui.

En faisant de tous ces héros des Anglais plus qu'Anglais, les créateurs de la série, Brian Clemens et Bob Jones, ont touché à l'essence même de la *British attitude*. En effet, chacun des personnages doit être un peu fou, autrement dit totalement excentrique. L'un collectionne des chapeaux haut de forme, l'autre a installé un circuit de trains électriques dans son étude d'avocat, et ainsi de suite. Quand les scénaristes réduisent John Steed à la taille d'un Tom Pouce, le décorateur doit reconstruire le studio à l'échelle, y compris un bureau en verre de 24 mètres de long. Il faut aussi enfermer Tara King dans un sablier géant de 5 mètres dans lequel le sable coule inexorablement. Le chapeau melon participe de la même folie. Car un espion de Sa Majesté en *bowler hat*, même dans les années soixante, ça ne s'est jamais vu.

Chapeau melon et bottes de cuir

Au fait, saviez-vous que le *bowler hat* se nomme *Derby hat* aux États-Unis ? Son histoire mérite un détour. Un beau jour, vers 1850, William Coke, gentilhomme du Norfolk, demande à son chapelier du quartier de St James à Londres de lui concevoir un chapeau moins haut que son chapeau haut de forme. Coke en avait assez de se faire toujours décoiffer par les branches des arbres. Son chapelier se nommant Bowler, cette nouvelle forme de couvre-chef est baptisée illico du nom de son confectionneur. Et bientôt portée par tous les gentlemen mais surtout par les professionnels des institutions financières de la City jusque dans les années soixante. Mais pas par les espions ! Imaginez James Bond en chapeau melon. Finalement, seul John Steed pouvait se le permettre.

Clubbing

Danser à se perforer les tympans

Ce sont les extrêmes et les excès du clubbing qui sont attirants.
Nick Stevenson, journaliste.

Les Anglais ont inventé la *pop music,* certes, mais on ne s'attendait pas à ce qu'ils volent aux Latins la couronne de « rois de la fête ». Et pourtant, la mode relativement récente du *clubbing* en Grande-Bretagne, autrement dit de la danse, en boîte, jusqu'à épuisement total, paraît bien partie pour devenir un cliché de plus. Celui des Britanniques, nouveaux dieux de la nuit.

Pour compenser sans doute leur attitude *stiff upper lip*[1] le jour, ils se métamorphosent dès la nuit tombée. Et la nuit anglaise, en plein hiver, dure de quatre heures de l'après-midi à huit heures du matin. Voici la recette des nouvelles nuits anglaises : commencer à se décoincer au pub à coup de *G&T,* comprenez Gin et tonic, ou bien, plus simplement, à l'aide de quelques pintes de Guinness. Après le pub, station au restaurant ou *bar crawling*, autrement dit virée des bars. Il s'agit d'attendre jusqu'à minuit l'ouverture des clubs. Là, file d'attente obligée, en tenue à paillettes pour les filles, généralement à moitié nues quelle que soit la saison, en jeans collants et tee-shirts sans manches

---

1. Expression voulant dire littéralement : à la lèvre supérieure rigide. Autrement dit, coincé.

Les Nouveaux Anglais

pour les garçons. D'une main, une cannette de bière ou d'*alcopop*[1], de l'autre quelques pilules d'ecstasy à croquer pour combattre le froid et le vent du Nord. Alcool et drogue sont les deux *must* des nuits britanniques.

Comme le dit Norman Cook, disc-jockey star connu sous le sobriquet de Fat Boy Slim : « J'ai commencé à me droguer à 29 ans, pas par auto-destruction mais parce que je m'amusais comme un fou ! Sortir et se droguer, c'est pareil. Pourquoi s'arrêter quand on y prend du plaisir et que ça ne fait pas de mal ? » L'éditorialiste du quotidien *The Guardian*, Nick Stevenson ajoute : « J'ai vu des gens en boîte de nuit tremper leur joint de hachisch dans du nitrate d'amyle et donner du kétamine[2] à des mouettes. Inutile de faire des réflexions à cette nouvelle génération de *clubbers* : de leur expliquer que les drogues provoquent des guerres dans le monde, que la musique casse-tympan sur laquelle ils dansent les rend sourds. Inutile. Ils sont devenus totalement indifférents. »[3] *Clubber* c'est échapper aux règles du monde extérieur. Pour une évasion réussie il faut compter 110 décibels.

La jeune romancière anglaise Helen Walsh se souvient de ses 15 ans. Nous sommes en 1993 : « Dans notre boîte de nuit, tout le monde prend du "E"[4]. Sauf Jerome et Katie, ils préfèrent le smack[5]. » Helen et ses amis fréquentent le *Legends*, entre Liverpool et Manchester, à Warrington, cœur de la scène Acid des années quatre-vingt-dix. « La vue de ces 500 clubbers, dansant, souriant, s'enlaçant toute la nuit comme si c'était la dernière m'a rendue folle pendant des années. J'ai avalé ma première pilule d'E avant mes premières règles, avant même mon premier baiser. »

---

1. Apparues au milieu des années 1990, les petites bouteilles d'alcopop contiennent limonade et alcool, généralement dosé à 5 %.
2. Également connue sous le nom de Vitamine K ou Super Acid, la drogue du *clubbing* par excellence.
3. Dans *The Guardian*, 5 mai 2004.
4. « E » pour ecstasy.
5. L'autre nom de l'héroïne.

Clubbing

Certains « clubbent » avec style et montrent la voie. Comme par exemple, le petit frère du futur roi d'Angleterre, le prince Harry, 20 ans. Durant son année sabbatique entre Eton et l'Académie militaire de Sandhurst, Harry s'occupe sérieusement à *clubber*. Même les jours de semaine. Un soir d'octobre 2004, après avoir ingurgité une bouteille de vodka, le jeune Prince est sorti à 3 h 20 du matin de Pangaea, club de Mayfair, et a cogné un paparazzo un peu trop zélé. Observateurs et aficionados du *clubbing* ont tout de suite discuté son choix de club dans les médias : « Que faisait-il à Pangaea ? Non, franchement, il aurait mieux fait d'aller chez Boujis, Crazy Larry, Purple ou Embargo dans des quartiers plus convenables comme Kensington, Chelsea et Fulham. Pangaea convient davantage aux femmes de footballeurs ! » pouvait-on entendre le lendemain sur l'antenne de la BBC.

À Manchester, connu dans le monde entier pour avoir, dans les années quatre-vingt et quatre-vingt-dix, abrité l'un des plus célèbres clubs du monde, Hacienda, on prend très au sérieux le marché financier représenté par le *clubbing*. 120 000 personnes viennent en centre ville chaque week-end pour « clubber »[1]. D'ailleurs, à Manchester comme à Leeds, des agences comme *Northnight*s, organisent des week-ends de *silver clubbing* pour les plus de 50 ans. *Silver clubbing*, allusion à la couleur de cheveux, argent, pour ne pas dire gris, des noceurs du samedi soir, *baby-boomers* sur le retour mais encore pleins d'énergie. Au programme, « douze heures de *rave party* » au cours desquelles les gentils organisateurs emmènent leurs ouailles, qu'ils ont préalablement habillées et re-lookées pour l'occasion, dans les meilleurs bars de la ville pour ensuite finir la nuit dans les deux night-clubs les plus *hip*[2]. Leur musique préférée : *house music, nu-skool, techno, hip hop, trance, garage, nu-metal, groove, funktronic* et *rythm and*

---
1. D'après le Manchester Pubs and Clubs Network.
2. Branché.

blues. Il faut dire que ces fêtards, ayant fait leur apprentissage de noctambules dans les années 1960, parfois même au cœur du *Swinging London*, ont une idée de la vie très différente de celle de leurs aînés ayant grandi dans les années quarante et cinquante. Ils veulent croire jusqu'au bout que la vie n'est qu'une longue *party* !

Countryside

L'amour démesuré des Anglais pour la campagne

Environ [130 000 personnes et] 4 000 chiens sont attendus à la foire campagnarde de Blenheim Palace. Les organisateurs ont préparé à cet effet 20 000 petits sacs ramasse-crottes pour remédier au problème de déchets naturels.

Entendu à l'antenne de la BBC au sujet de la foire campagnarde organisée au Palais de Blenheim à côté d'Oxford et ayant attiré 130 000 visiteurs.

Il existe des fermiers riches mais la plupart des agriculteurs se battent pour survivre. En 1950, ils recevaient la moitié de chaque livre sterling dépensée pour la nourriture en Angleterre, soit 50 pence. Aujourd'hui, ils n'en reçoivent qu'un douzième, soit 8 pence.

Alex Kirby, journaliste à la BBC.

En tout Anglais, sommeille un *gentleman farmer* amoureux de sa campagne. La gadoue, il s'en fiche, les randonnées champêtres, il adore, les animaux, il en est fou. Quant au crachin permanent, il donne à sa femme ce légendaire teint d'*English rose*[1]. Il a de tout temps su s'inventer le costume idéal du parfait *countryman*

---

1. C'est ainsi que les Américains font référence au teint de porcelaine des Anglaises.

que les continentaux s'essoufflent à imiter. Aujourd'hui, il affectionne le Barbour, ce classique du ciré imperméable bon chic bon genre, porté avec des Wellingtons, ces bottes qui vous tiennent les pieds au chaud malgré la tempête.

Les paysages bucoliques et champêtres à la John Constable ont nourri l'imagination de générations de citadins malgré eux, rêvant d'un *cottage,* d'un vrai, celui de Mrs Miniver[1] ou de Miss Marple, héroïne d'Agatha Christie. Quant aux aristocrates, n'en parlons même pas : ils ont laissé depuis toujours leur cœur à la campagne ; leur demeure en ville, si cossue soit-elle, ne jouant que le rôle de pied-à-terre et de faire-valoir.

Pour comprendre le mythe de l'*English countryside*, rien ne vaut un détour à Glyndebourne.

Ce festival d'opéra le plus huppé au monde a lieu chaque printemps au cœur des vallées ondoyantes du Sussex, à quelques kilomètres des plages populaires de Brighton. Lancé en 1934 par John Christie, amoureux de l'art lyrique, Glyndebourne fait chaque saison salle comble, sans aucune aide ou subvention publique. La générosité de ses membres et abonnés assure la permanence d'une tradition qui règle, comme du papier à musique, le bon déroulement des festivités.

Les membres, en smoking et robes du soir style *Queen Mum* et capelines fleuries, arrivent à l'heure du thé. Au pied de la salle de spectacle noyée dans la verdure, le festivalier choisit son carré de gazon pour disposer son pique-nique minutieusement préparé la veille. Entre moutons broutant imperturbablement et nénuphars, les invités se pâment et s'observent à l'ombre des bosquets. C'est le moment de montrer qu'ils savent vivre. Rompus à l'exercice, ils disposent nappes brodées et photophores et prennent place

---

1. Série de films populaires des années quarante mais également long métrage signé William Wyler de 1942 avec Teresa Wright, Walter Pidgeon et Greer Garson.

devant couverts et timbales en argent tandis que sautent les bouchons de champagne de bienvenue. Un plaid écossais, étalé sur l'herbe servira de châle au soleil couchant.

Juste le temps d'avaler sa coupe de *bubbly*[1] et la cloche sonne. Le premier acte d'un opéra de Britten ou de Mozart va commencer. À l'entracte, le public dispose de 80 minutes exactement pour dîner devant le soleil couchant et les moutons qui bêlent non loin. Au menu, salade de pommes de terre à la crème, poivrons rouges marinés, truite fumée, tarte au citron, figues fraîches et carrés de chocolat à la menthe. Des rires légers bercent le murmure de conversations feutrées.

Le spectacle terminé, les mélomanes retrouvent leur carré de pelouse, extraient de son étui de cuir le thermos de thé brûlant et, à la lueur des chandelles, replient bagage et rentrent chez eux, en ville. Glyndebourne représente la campagne idyllique, telle que l'aiment les Anglais.

La littérature a également joué un grand rôle dans cette image d'Épinal figée à laquelle ils semblent vouloir se raccrocher coûte que coûte. Ainsi, la lecture des romans d'Agatha Christie, PD James, ou encore Ruth Rendell, avec son village tranquille et ses habitants fantaisistes et sereins, a pour toujours immortalisé l'âge d'or du village anglais.

Pourtant, cette vision idéale de la campagne, où paraît reposer l'âme du pays, laisse place aujourd'hui à une tout autre réalité. Durant ces vingt dernières années se sont succédé crises de vache folle, listériose, controverses autour des cultures OGM, fièvre aphteuse. Aujourd'hui, avec le déclin de l'agriculture, la campagne anglaise subit de plein fouet une disparition progressive des services et des transports interruraux. Il y a trente ans encore, la terre nourrissait la nation. À présent, l'Angleterre choisit de plus en plus d'importer viande, fruits et légumes. Le fermier

---

1. Surnom affectueux du champagne.

Les Nouveaux Anglais

anglais sert autant de paysagiste et garde-barrière que d'agriculteur.

Certes, depuis 15 ans, 115 000 Britanniques citadins, recherchant une meilleure *quality of life*[1], se mettent au vert chaque année. Pourtant, ce repeuplement de la campagne par des citadins a peu d'effets positifs. Avec eux, ils apportent leur voiture, polluante, et des réflexes jusque-là étrangers au monde rural, comme l'individualisme, l'obsession de la sécurité, la spéculation immobilière.

Le romancier John Lanchester explique : « Les gens des campagnes sont pris en sandwich entre un conservatisme et une vision immuable de la vie campagnarde, et les changements irréversibles dus à la pression démographique et aux migrations. Quand ils pleurent la fin des communautés villageoises, ils nous demandent de nous lamenter sur la fin d'un mythe, plus que sur une réalité qui n'a jamais existé ou alors il y a très longtemps. »

Ce mythe pourtant vit encore dans la conscience nationale et internationale. Que faire pour sauvegarder les vestiges de la campagne anglaise ? « Simple, affirme Lanchester. Nous voulons qu'ils restent beaux, tels que nous nous les imaginons. Il suffit de les transformer en parcs nationaux, préservés intacts, à jamais. Ou en parcs à thèmes. » Le principe du musée de cire *Madame Tussauds* appliqué à la campagne ? Une idée à creuser.

---

1. Qualité de la vie.

Eccentricity

Les maîtres de l'excentricité

N'ayez pas peur d'exprimer une opinion excentrique, car chaque opinion aujourd'hui acceptée fut un jour excentrique.
Bertrand Russell.

Comme dans toutes les meilleures familles, nous avons notre lot d'excentriques, de jeunes gens impétueux et de désaccords.
Elizabeth II.

Maniaques de la file d'attente, ardents monarchistes, fanatiques joueurs de fléchettes, obsédés de la météo, dévoreurs de biographies, as du jardinage, mangeurs de toasts aux haricots blancs en sauce, les Anglais sont les rois de l'excentricité. Ils la pratiquent mieux que personne et cela ne date pas d'hier. De Georges III à Boy George en passant par George Brummel, Oscar Wilde, Les Monty Python et Vivienne Westwood, leurs lettres de noblesse dans l'art de l'excentricité ne souffrent aucune comparaison.

L'insularité des Britanniques en fait, par définition, des « ex-centrés » (selon le sens premier du terme). Au fil du temps, la notion s'est ensuite appliquée à la manière de penser et d'agir de celui qui vit et se comporte de façon extravagante, en opposition avec les idées reçues. On a beau chercher des exemples d'ex-

Les Nouveaux Anglais

centriques européens, on n'en trouve pas. Don Quichotte en Espagne et Jacques Tati en France ? Étranges, oui, mais pas excentriques.

Selon l'historien William Donaldson[1], il faut attendre la fin du XVIIe siècle pour que les Anglais prennent conscience de leur originalité vraiment unique. Ils observent alors que leur sens de l'humour diffère profondément de celui pratiqué par l'aristocratie continentale. Aux bons mots et aux jeux d'idées, ils préfèrent l'autodérision. Rappelons-nous Falstaff se moquant de l'idée même d'honneur, trop abstraite pour lui. Le sens de l'humour anglais aime se moquer du sentiment de grandeur européen et de sa prétention, et lui préfère un certain cynisme. L'excentrique anglais peut ainsi aller loin dans la taquinerie. Un véritable exercice en liberté d'expression. On lui permet de railler les institutions ou la monarchie puisqu'il est le premier à se moquer de lui-même. Les continentaux appellent cela de l'insolence, les Anglais, de l'humour excentrique.

L'historien William Donaldson estime que la figure de l'excentrique constitue une « construction littéraire ». Littérature et théâtre anglais se sont toujours plu en effet à fabriquer et dépeindre dans les moindres détails des personnages pittoresques, à créer des personnages uniques. Dans la réalité, un excentrique représente ce « sacré personnage » à qui l'on rend visite comme à un monument.

L'excentrique anglais a su manifester ses dons particuliers dans bien des domaines. Ainsi, celui de la mode. Pour lui, beau et bizarre sont les deux visages d'une même réalité. Et, franchement, il préfère avoir mauvais goût que pas de goût du tout. Il fait fi des traditions, du poids pesant de l'histoire et se jette à l'eau, sans aucune concession à la bienséance. L'excentrique, « créateur indépendant, têtu, intelligent, drôle, idéaliste, possède une imagination visuelle débordante.

---

1. Dans *Brewer's Rogues, Villains, Eccentrics : An A-Z of Roguish Britons Through the Ages*, 2003.

Eccentricity

Au lieu de se conformer, de se fondre dans le moule, il choisit délibérément d'être différent des autres. C'est un anti-conformiste. »[1] C'est ainsi que George Brummel, Oscar Wilde, Vivianne Westwood ou encore John Galliano, entre autres personnalités hautes en couleur, se moquent du « bon goût » qui, pour l'excentrique célèbre et romancière Edith Sitwell, est « le pire vice jamais inventé »[2]. L'exposition consacrée à Vivienne Westwood par le Victoria & Albert Museum de Londres au printemps 2004 montre comment cette créatrice a su bouleverser les repères traditionnels pour imposer des styles toujours nouveaux, à commencer par le punk et, plus récemment, le néo-romantisme *trash*. Et se créer un véritable personnage à la vie comme à la scène. À 60 ans passés, Vivienne Westwood aime raconter comment elle est allée au palais de Buckingham recevoir des mains de la Reine le titre d'officier de l'Ordre de l'Empire Britannique, sans culotte et sans soutien-gorge.

L'excentrique anglais sévit également sur la scène rock. David Bowie dans les années 1960 et 1970 avec *Ziggy Stardust* et Elton John depuis toujours ont érigé le n'importe quoi vestimentaire en véritable art de vivre. Maquillage, lunettes géantes, tenues Pompadour à paillettes, fourrures teintées fluo, perruques Louis XVI, pantalon à damier ska[3]: leur règle, plus c'est compliqué, plus c'est beau. Ce qu'affirmaient d'ailleurs Norman Hartnell et Hardy Amies, couturiers de Barbara Cartland et de la Reine pendant 50 ans : « Il faut mépriser la simplicité. C'est la négation du beau. » Une idée qu'ils ont déclinée avec bonheur pour les femmes Windsor : tailleurs, chapeau, cape-

---

[1]. Selon le neuropsychologue David Meeks, auteur d'un ouvrage sur les excentriques anglais en 1996: *"Eccentrics: A Study of Sanity and Strangeness."*
[2]. Dans *The English Eccentrics*, 1933.
[3]. La mode de la musique ska, enfant de Jamaïque, débarque en Angleterre dans les années 1980, remis au goût du jour par des groupes rock comme Madness et The Specials. Le logo ska, le damier noir et blanc, fait le tour du monde. Il symbolise l'unité entre Noirs et Blancs.

line, gants, escarpins, sacs à mains assortis en *total look* fleuri lavande ou pot-pourri rose vif. Qui a dit que la monarchie anglaise manquait de fantaisie ?

Au cinéma, l'excentrique anglais touche au génie. Le monde entier a succombé depuis longtemps à son humour corrosif et grinçant, et à son grain de folie inquiétant. Alec Guiness, Peter Sellers[1], les Monty Python, Rowan Atkinson alias *Mr Bean*, autant de génies excentriques à la scène comme à la vie. Acteur génial, homme torturé, Peter Sellers se fait tout d'abord connaître par ses dons d'imitateur à la BBC, dans le *Goon Show*, émission comique légendaire. Il y campe plusieurs personnages, Major Bloodnok, Henry Crun et Bluebottle. Au cinéma, Dieu crée l'Inspecteur Clouseau. Cinq films, réalisés par le réalisateur américain Blake Edwards, font de Peter Sellers une star internationale, le symbole même de l'excentrique anglais. Une qualité que Stanley Kubrick exploite à la perfection dans *Docteur Folamour* : Sellers y interprète six rôles différents. Dans chacun, Sellers est méconnaissable : blond frisé, brun, indien, paraplégique, acrobate, il donne à chacun de ses personnages une voix et une élocution différente. Dans la vie, Peter Sellers déclare ne pas savoir qui il est vraiment et ne semble retrouver son équilibre mental que dans la peau d'un autre. Voici un génie excentrique dont la part d'ombre a ruiné la vie. Car, dans son cas, l'excentricité frise clairement la folie. Rowan Atkinson a aussi son petit grain. Mr Bean aime prendre une année sabbatique entre chaque film. Et que fait-il ? Rien, dit-il, hormis tailler ses rosiers et s'adonner à son unique plaisir : conduire de vieilles voitures de sport.

L'excentrique sévit plus encore dans l'aristocratie anglaise. Lord Piper, seigneur du manoir de Warleigh dans la province du Devon, a fait connaître en

---

1. Dont la vie tumultueuse a été portée au grand écran dans *The Life and Death of Peter Sellers,* projeté en sélection officielle à Cannes en mai 2004.

Eccentricity

novembre 2002, par l'intermédiaire des annonces du *Herald Tribune*, qu'il cherchait une nouvelle femme. « Excentrique, Lord, 52 ans, recherche jeune femme de 25 à 35 ans, entreprenante, intelligente, indépendante financièrement pour devenir Lady of Warleigh. L'impétrante, nécessairement catholique, devra aimer les arts, la musique sacrée, les voyages, l'aventure et avoir le sens de l'humour anglais » Lord Piper a reçu 2000 réponses, correspondu avec une centaine, et rencontré quarante prétendantes, sans succès. Ce divorcé et père de quatre enfants a finalement décidé en septembre 2004 de vendre son manoir, mais de garder son titre, et de s'installer à Paris, capitale internationale de l'amour. Les Parisiennes le prendront-elles au sérieux ?

La politique, enfin, possède également une belle brochette d'excentriques. Boris Johnson, par exemple. Comment définir ce lionceau de l'opposition conservatrice, successeur au Parlement du suave Michael Heseltine, rédacteur en chef du magazine de droite *The Spectator*, présentateur d'un jeu télévisé et cycliste amateur ? De son vrai nom Alexander Boris de Pfeffel Johnson, ce tout juste quadragénaire, passé par Eton et Oxford, n'a pas fini de défrayer la chronique. Son sens de la répartie, sa bonhomie et son goût vestimentaire anarchique, veste queue de pie et baskets, pantalon tweed et jaquette de smoking, en ont fait l'un des invités de choix des soirées mondaines londoniennes et l'une des cibles favorites des photographes de la presse tabloïd. Ses opinions très anti-européennes, malgré (ou à cause) de son séjour à Bruxelles en tant que correspondant du *Daily Telegraph*, et ses apparitions tonitruantes dans l'émission d'humour *Have I Got News For You* l'ont promu trublion de l'arrière-garde nationale, le *fogey*[1] chéri des Britanniques. Certains prédisent son ascension fulgurante au sein du parti conservateur et posent la question : Johnson futur Premier ministre britan-

---

1. Histrion réactionnaire.

nique? D'autres estiment que son excès d'excentricité en fait un candidat trop libre, trop imprévisible.

Finalement, quels que soient ses domaines de prédilection, l'excentrique, c'est peut-être cela : un homme ou une femme plus libre que les autres, un être en avance sur son temps, sur les opinions de ses contemporains et dont l'insolence créatrice peut être dangereuse pour le pouvoir établi. Comme disait le philosophe anglais John Stuart Mill : « On mesure le génie, la vigueur mentale et le courage moral d'une société à la quantité de ses excentriques. » Nous pouvons compter sur les Anglais pour continuer à nous montrer la voie.

English Breakfast

*Bacon et œufs sur le plat,
souvenir, souvenir*

Pour bien manger en Angleterre, prendre trois petits-déjeuners par jour.
W. Somerset Maugham (1874-1965), écrivain.

Le petit déjeuner anglais est la contribution la plus fameuse de l'Angleterre à la gastronomie mondiale.
Stephen Kemp, réalisateur qui a fait du petit déjeuner à l'anglaise le sujet d'un court-métrage de 10 minutes.

Tous les dimanches matin, je prends un petit déjeuner anglais en lisant les journaux. Tous les dimanches matin, je me sens anglais.
Patrick Viera, footballeur français jouant dans le club de football anglais Arsenal.

Tout se perd. Les Britanniques ne sont plus que 600 000, soit un malheureux pour cent à préparer chaque matin le traditionnel *English breakfast*. Ils étaient 50 % en 1958. Adieu porridge à la crème. Adieu œufs au plat, bacon rissolé, haricots blancs en sauce, saucisses, tomates, champignons frits et boudin noir. Une larme spéciale pour les rognons. Le tout arrosé d'un litre de thé bien noir et de quelques toasts beurrés coupés en triangle.

Les Nouveaux Anglais

L'*English breakfast* est aujourd'hui réservé aux touristes de passage qui veulent retrouver une culture qui n'existe plus. Ou aux expatriés anglais qui, dans un récent sondage effectué par la *Royal Society of Medecine*, sont 29% à le regretter chaque jour que Dieu fait. Dans une autre étude[1], ils le placent au 5ᵉ rang des images emblématiques de leur pays, juste après la Reine et Buckingham Palace. Même s'il ne repose plus sur grand-chose, le symbole brille encore. Comme brillent les étoiles dont la lumière nous parvient longtemps après leur mort, et le F.E.B. (Full English Breakfast) exhale encore son odeur divine de lard grillé longtemps après le dernier service.

Ah ! Cette odeur magique flottant au réveil dans un *Bed and Breakfast* un peu minable mais si *cosy* au cœur de la campagne anglaise, écossaise, galloise ou irlandaise. Quand il fait froid et humide dehors et encore nuit à 8 heures du matin.

Avec la disparition prochaine du F.E.B., c'est à celle des *Greasy Spoons caffs* qu'il va falloir se préparer, lentement mais sûrement. Les *Greasy Spoons caffs* ? Autrement dit les « cafés aux cuillères grasses », offrent, depuis les années vingt, un F.E.B. bien gras et un café-jus de chaussette à toute heure de la journée au travailleur ou fêtard de passage. Ouvert tôt (5 h 30 pour beaucoup), fermant tard (minuit), les *Greasy Spoons* voient défiler tous les spécimens de la société : des chauffeurs de taxi, commençant ou finissant leur journée, aux avocats pressés entre deux rendez-vous, en passant par les ouvriers des chantiers voisins et les oiseaux de nuit, dont certaines anciennes ou futures stars de la pop et du rock anglais. Le décor est, traditionnellement, lui aussi, assez graisseux. Ne pas y aller avec un costume neuf. Les tables, en formica, sont d'époque, la vaisselle en Arcopal, les murs d'un marron douteux. Et pourtant, on s'y sent bien, l'atmosphère est bon enfant, et les murs racontent une histoire.

Ces lieux de mixité sociale ont souvent fait les cou-

---

1. Révélée par le quotidien *The Times* dans son édition du 28 avril 2004.

English Breakfast

vertures de disques de groupes à la mode comme ceux des Status Quo[1], ou de Saint Etienne[2]. Au cinéma, le film culte anglais, *Withnail and I*[3] s'ouvre sur une scène de *caff* typique. Bref, le *Greasy Spoon* du coin résume l'ambiance si particulière du café anglais d'après-guerre. Une ambiance immortalisée en son temps par le photographe Billy Brandt et chassée depuis quelques années par la « starbuckisation » généralisée du pays. Starbucks Coffee ? Chaîne américaine de cafés à emporter et de petits-déjeuners fast-food. Elle ouvre entre une et deux franchises par semaine depuis son implantation en Grande-Bretagne en septembre 1998. Calculez. À cette invasion galopante, ajoutez celle de ses concurrentes, autres chaînes de cafés aux noms trompeurs de Costa caffé, Caffé Nero, Caffé Aroma, Coffee Seattle Company, Coffee Republic. Le nombre de franchises, toutes marques confondues, a plus que triplé de 1999 à aujourd'hui (on en comptait 2 331 en septembre 2004).

Avec la mort du F.E.B., du *Greasy Spoon*, et l'irruption des lieux de convivialité toc façon Starbucks, la Grande-Bretagne gagne en hygiène et en efficacité mais perd chaque jour un peu de sa joie de vivre populaire. Il faut dire qu'à force de lui répéter qu'elle devient obèse, elle a repensé sa façon d'attaquer la journée. Au F.E.B., les Britanniques préfèrent une collation matinale « plus diététique » : céréales, muesli, fruit. Ou rien du tout. Pour mieux s'adonner à l'un de leurs péchés mignons : le grignotage, connu sous le nom de *snack*, onomatopée évocatrice de la barre de chocolat sur le coup de 11, 15 et 18 heures.

En effet, la quasi-disparition du petit déjeuner anglais a développé un autre phénomène de société : le *snack*. Où que vous mettiez le pied, des kilomètres

---

1. Par exemple, de leur troisième album : « Ma Kelly's Greasy Spoon ».
2. Dans leur album *So Tough*, la chanson *Mario's Café* décrit une scène d'un Greasy Spoon dans le quartier londonien de Kentish Town : « Barry's looking through the Racing Post / Orders coffee, another round of toasts ».
3. De Bruce Robinson (1986).

Les Nouveaux Anglais

de barres de chocolat, de céréales caramélisées, et de boissons énergétiques ou gazeuses vous guettent. Dans le métro, chez les marchands de journaux, à la pharmacie, aux caisses des supermarchés, dans les gares, les librairies, les cinémas. Impossible d'y échapper. Cadbury règne en maître sur ces étalages insensés, Cadbury, ce nom que vous trouviez magique lors de votre premier voyage linguistique dans le Sussex à l'âge de 13 ans. Aujourd'hui, il vous saisit d'horreur… tout en continuant secrètement à vous fasciner.

Five O'Clock Tea

Vous reprendrez bien une tasse de thé

Peu d'heures dans la vie sont aussi agréables que celles dédiées à la cérémonie du thé l'après-midi.
Henry James

Le thé est une des fondations de la civilisation.
George Orwell

Je préférerai toujours une tasse de thé à une partie de jambes en l'air.
Boy George

Les drogues c'est comme boire sa tasse de thé le matin.
Noel Gallagher (du groupe Oasis)

Au royaume des stéréotypes, le borgne est roi. C'est bien connu. Quand on pense par exemple aux Japonais, aux Chinois, aux Indiens ou encore aux Turcs, on pense rarement au thé et à sa cérémonie. On songe plutôt saké, bière Tsing Tao, lassi et café. Quand on pense à l'Angleterre, on pense thé. Et nous ne sommes pas les seuls. Quand ils se regardent dans un miroir, les Anglais aussi voient une tasse de thé. Pour preuve, un récent sondage[1] conduit auprès d'un millier de

---

1. Sondage réalisé en mars 2004 auprès de 1 000 citoyens britanniques par l'institut TNS RSGB pour la marque d'alcool Tanqueray.

Britanniques montre que pour 51 % d'entre eux, le thé « définit » leur identité nationale.

Pourtant, les Japonais, par exemple, ont érigé la consommation de thé au niveau d'un des beaux arts, bien avant les Britanniques. Un prêtre bouddhiste, Sen Rikyu, y introduit la cérémonie du thé dès l'an 1550. Celle-ci doit exprimer les quatre caractères, le Wa, le Kei, le Sei et le Jaku (respectivement, l'harmonie, le respect, la pureté et la sérénité). Pour les Extrême-Orientaux, Religion et Rituel se marient ainsi dans la feuille de thé. La boire en décoctions devient une expérience universelle et philosophique zen.

Rien de tout cela en Grande-Bretagne. Si les Chinois boivent du thé depuis le troisième millénaire avant Jésus-Christ, les Anglais n'ont découvert le divin breuvage qu'au milieu du XVIIe siècle, après les Hollandais et les Espagnols.

Le mythe du *Five o'clock tea* commence à prendre tournure quand une duchesse s'en mêle en 1840. Et quand l'aristocratie anglaise s'occupe de créer des modes, vous pouvez être sûr qu'elles feront vite école dans le peuple. L'histoire se déroule peu ou prou ainsi : Anna, septième duchesse de Bedford, souffre tous les jours en milieu d'après-midi d'un p'tit creux. Le dîner n'étant servi qu'après 20 heures, comme il est alors à la mode en Angleterre, Anna ne tient plus en place dès 17 heures. Un beau jour, elle demande à sa gouvernante de lui servir chaque fin d'après-midi un plateau garni de thé brûlant, de pain, beurre et gâteaux. Et comme Anna s'ennuie ferme, elle commence à inviter des amies à « prendre le thé »[1] dans son boudoir. N'oublions pas que, quelques années plus tôt, le Comte de Sandwich a inventé la collation du même nom. Anna raffine et demande à sa gouvernante de garnir son plateau de petits sandwichs de pain de mie au concombre et à l'œuf.

Cette pause-thé devient le nec plus ultra dans la haute société anglaise puis dans la classe moyenne, sou-

---

1. Au lait, bien entendu. Jamais autrement.

Five O'Clock Tea

cieuse de suivre les dernières modes aristocratiques. À partir de 1880, les *tea parties* deviennent la règle pour toute aristocrate ou bourgeoise qui se respecte. La théière est en argent et les tasses en porcelaine. Le menu, vite immuable, se compose de petits sandwichs de pain de mie à la croûte coupée, scones, confiture de fraise maison, *clotted cream* (crème fraîche très épaisse fabriquée dans le Devon et la Cornouaille) et petits gâteaux. Quel thé ? De l'Assam, du Darjeeling ou du Ceylan.

Du thé venant de l'Inde ? Mais bien sûr. Pour casser le monopole du thé détenu par les Chinois, les Britanniques ont décidé de faire pousser en Inde plusieurs variétés de thé. La greffe prend et le royaume commence à exploiter l'un des commerces les plus profitables du XIXe siècle.

Anna de Bedford n'est pas la seule accro au thé dans la noblesse anglaise, le Comte Grey (*Earl Grey* dans le texte) en est également gourmand. À la seule différence qu'il n'en consomme qu'une sorte, un mélange que lui a envoyé un ami mandarin chinois. À la dernière cuillère de ce *blend*[1] au fumet merveilleux, le comte Grey demande à la maison Twinings — qui tient toujours boutique sur le Strand[2] — de prendre le relais du mandarin et de lui concocter un mélange identique. Le comte, dont on ne se rappelle guère qu'il fut Premier ministre de 1830 à 1834, passe donc à la postérité en léguant son nom à ce mélange unique de thé noir de Ceylan et d'huile de bergamote.

Au XXe siècle, le *Five o'clock tea* se corse et devient enjeu de lutte des classes. Car tout, tout en Angleterre est teinté d'antagonisme social. Aujourd'hui plus encore qu'hier. Mais revenons pour le moment à 1900. À cette date, les Britanniques consomment plus d'un million de tonnes de thé par an. *L'Afternoon tea*, accompagné de biscuits, le dispute au *High Tea*, forcément plus classieux, comme son adjectif l'indique,

---

1. Mélange.
2. Boulevard londonien joignant Aldwych à Trafalgar Square.

et plus copieux. La *middle-class* adopte l'*Afternoon tea*, l'aristocratie lui préfère le *High Tea*. Pour les ouvriers, le *Tea*, sans adjectif, correspond au seul repas de la journée, pris au retour du père de famille à la maison après son travail.

Tandis que, sur le continent européen, les cafés sont plus que centenaires, les *tea-rooms* commencent timidement à remplacer les *tea-gardens* tombés en désuétude au milieu du XIXe siècle. On les trouve chez les *bakers*[1] ayant ajouté quelques tables et bancs à leur arrière-boutique, et dans les gares qui sortent alors de terre comme des champignons dans tout le pays, champion de la Révolution industrielle et du chemin de fer. Rappelez-vous les rencontres déchirantes entre Trevor Howard et Celia Johnson au *tea-room* de la gare de Milford dans *Brève Rencontre*, chef-d'œuvre de David Lean en 1945. Thé, symbole de modestie, de bonnes manières et de sentiments inassouvis.

Aujourd'hui, à l'heure de la mondialisation, du New Labour et des époux Beckham, que reste-t-il du *Five o'clock tea* ? Pour les étrangers, cette tradition toute anglaise semble coulée dans le bronze. Pour preuve, la dernière édition du guide de voyage DK EyeWitness, informe ses lecteurs qu'en Grande-Bretagne, « le pays tout entier s'arrête tous les jours à l'heure du thé ». Foyers, bureaux, grands hôtels célébreraient chaque jour à 17 heures pétantes l'*Afternoon Tea* « avec ses sandwichs à la pâte de poisson et au concombre ». Et recommande : « surtout gardez une place pour une tranche de cake aux fruits confits. » Or, disons le carrément, le *Five o'clock tea* n'existe plus que pour épater la galerie. Touristes et nostalgiques d'Agatha Christie se retrouvent dans les meilleurs *tea-rooms* répertoriés par le Tea Council et dans les salons des grands hôtels londoniens sacrifiant à la tradition. En Cornouaille et dans le Devon, ils trouvent également à tous les coins de cottages, des *tea-rooms* de fortune où prendre le *cream tea* arrosé

---

[1]. Boulangers.

Five O'Clock Tea

de tonnes de *clotted cream*, spécialité de la région. Hormis ces curiosités, le pays ne s'arrête plus à 17 heures depuis belle lurette.

La consommation de thé est d'ailleurs en baisse depuis des années, soit de 10 % en cinq ans. Le Britannique moyen ne boit plus que 2,2 kg de thé par an, c'est-à-dire « seulement » 1 000 tasses, quasiment trois par jour. Il semble en fait se rattraper sur les infusions d'herbes et de fruits en tout genre, alternative plus saine et moins tord-boyaux. Cependant, le Britannique demeure le plus grand consommateur de thé au monde... Attention ! Derrière le Turc. Qui l'eût cru ?

Et c'est là sa véritable victoire. Non pas qu'il boive plus de thé que le Turc mais qu'il en engloutisse aujourd'hui à toutes les heures de la journée et non pas seulement de façon affectée et surannée à 17 heures de l'après-midi. Le thé s'est insinué dans tous les pores de la société britannique au point de se confondre totalement avec elle. Et à tout moment, au lever du lit, à onze heures, après le déjeuner, à chaque pause de la journée, chaque rendez-vous, chaque réception familiale, avant et après le dîner, avant le coucher, le mug de thé — oubliez la tasse en porcelaine — se révèle le lien amical, familial, amoureux, social et professionnel incontournable en Grande-Bretagne. Il se boit sans réfléchir mais se prépare avec une dextérité innée. En versant le lait, tout d'abord, que seul un Britannique de naissance peut doser à la perfection, puis l'eau bouillante sur un sachet que l'on retire en un éclair du bout des doigts ou à l'aide d'une petite cuillère.

Il devient même enjeu de pouvoir au bureau. Pas étonnant. C'est autour de la bouilloire électrique que les échanges entre collègues s'avèrent des plus efficaces. Et des plus discrets. Une étude menée par le Tea Council[1] révèle que 79 % des employés et directeurs de ressources humaines interrogés voient d'un œil

---
1. Le Tea Council est un organisme indépendant chargé de représenter l'industrie et la tradition du thé.

admiratif ceux qui se chargent de faire des tournées de thé au bureau. Ces volontaires se révéleraient en fait les salariés les plus compétents et enthousiastes. La psychologue Rebecca Newton, responsable de cette étude, distingue six profils psychologiques de buveurs de thé au bureau permettant de mieux comprendre les relations patrons et employés.

Mais si le mug de thé semble avoir le pouvoir de pousser la carrière des jeunes ambitieux au sein des entreprises, il n'en demeure pas moins, aujourd'hui encore, teinté d'antagonisme social. La classe moyenne et l'aristocratie n'utilisent pas de sachets de thé à la maison, mais du thé en vrac, venant souvent de chez Fortnum and Mason. Lorsqu'elles condescendent à l'acheter en supermarché, c'est uniquement du Twinings. La *working class*, quant à elle, préfère le thé en sachets : « *Q-tips* est sa marque favorite », vous répète-t-on *ad nauseam,* dans les dîners en ville. « Mais surtout, ne préparez pas de thé parfumé façon Earl Grey aux ouvriers venus faire des travaux chez vous », vous prévient-on. « Ils n'aiment pas ça. Et n'oubliez pas : ils prennent leur thé bien fort avec beaucoup de sucre. »

Fort, sucré ou parfumé, le mug de thé finit, pirouette démocratique de l'histoire, par fédérer les Britanniques, leur procurant leur *pick-me-up*[1] favori. Quand il pleut, qu'ils se sentent malheureux et que ce n'est pas encore l'heure du gin, le réflexe jaillit, inné, inconscient, et la réplique implacable : *"wanna a cuppa?"*[2]

---

1. Remontant.
2. Ou *"Do you want a cup of tea, dear?"* dans l'anglais de la *middle-class*.

Fish & Chips
et Modern British Cuisine

Comment les Anglais sont devenus des fous de gastronomie

La France a beau avoir une bonne réputation culinaire, c'est à Londres et non à Paris que les dîneurs trouveront la cuisine la plus intéressante.

Tim Zagat du guide Zagat
des meilleurs restaurants du monde.

Le cliché veut que l'on mange mal en Grande-Bretagne, mais alors, vraiment très mal. Chaque famille française colporte son lot d'anecdotes livrées au retour de l'enfant prodigue après un séjour linguistique dans la patrie de Peter Pan et de Diana. Chacun se souvient de ses premiers émois devant le plat de poulet bouilli, la salade sans vinaigrette, le sandwich au beurre de cacahouètes, les toasts de haricots blancs en sauce, les petits pois géants, les tartines de Marmite (vous savez, ce coulis de Viandox étalé sur le pain à la façon du Nutella), le tout accompagné de sauce à la menthe ou, pire, de jelly. Chacun dans la famille a connu ce mélange de haut-le-cœur et de stupéfaction devant tant de mets exotiques aux saveurs… imprévisibles.

La cuisine anglaise ne se limite heureusement pas à cette image d'Épinal, à ces quelques produits étranges. Si elle a ses faiblesses, elle a aussi ses quelques

Les Nouveaux Anglais

morceaux de bravoure, de véritables spécialités où elle excelle. Son talent particulier : accommoder le gibier et la volaille. Son *roast beef* du dimanche est demeuré gravé dans la mémoire de nombreux voyageurs et sa dinde aux airelles a su devenir le plat national des cousins d'Amérique. Et puis, en résumé, elle sait à merveille nourrir de mets roboratifs, chauds et goûteux une population transie par un climat des plus ingrats.

Goûtons-la, cette cuisine anglaise si décriée ! À table ! En entrée, une douzaine d'huîtres de Colchester ou d'Irlande font rougir de jalousie leurs cousines de Saint-Jacut ou de Cancale, et le *black pudding*[1] du marché de London Bridge[2] n'a rien à envier à notre boudin national. Plats de résistance, au choix : saucisses de venaison ou faisan farci accompagné de *mashed potatoes*[3]. Côté plateau de fromages : le choix est certes moins impressionnant qu'en France mais rappelons tout de même que le Stilton bleu de Neal's Yard[4] et le Cheddar de Wincanton restent les rois de leur catégorie. Au rayon dessert, la *potted dick* et la *trickle tart,* sorte de pain perdu imbibé de whisky cuit dans un caramel fondant et nappé de *custard* tiède garantissent de profondes nuits d'hiver. À Noël, le *Christmas pudding,* mystérieuse mixture de lard, raisins et autres ingrédients inimaginables, ayant macéré dans l'alcool quatre mois ou plus selon les écoles, vient à bout des chagrins d'amour les plus tenaces.

Mais la cuisine anglaise, ce n'est pas que cela. Car elle s'est ouverte au monde. À l'Inde, en premier, naturellement. « L'Inde aux mille saveurs envoûtantes ». Depuis cinquante ans, le *fish and chips* partage la vedette avec les *curry* et *chicken tikka masala*, devenus plats traditionnels britanniques.

Enfin, la cuisine anglaise c'est aussi, depuis dix ans, une ardente vocation à mélanger les meilleures gas-

---

1. Boudin noir.
2. Connu des Londoniens sous le nom de Borough Market.
3. Purée de pommes de terre.
4. À Covent Garden et Borough Market.

Fish & Chips et Modern British Cuisine

tronomies du monde. L'Angleterre accueille toutes les propositions sans préjugés. Elle aime goûter, c'est sa force. Au milieu des années 1990, les chaînes de supermarché britanniques ont eu la brillante idée d'importer une sélection des plus savoureuses spécialités italiennes, espagnoles, françaises, japonaises, suédoises, grecques. Foccacia, tresses de mozarella de buffle, jambon ibérique, brie, sushi, harengs de la baltique, feta ont fait une entrée remarquée au rayon frais des magasins Marks and Spencer, Sainsbury et autres Waitrose de centres-villes.

Au même moment, miracle, la cuisine est devenue à la mode. En quelques années, tout le pays s'y est mis. À tel point que les Britanniques sont devenus une nation de *foodies*[1]. Les émissions de cuisine sur le petit écran font un malheur et les livres de recettes, dans des éditions aux mises en pages raffinées et aux photos sophistiquées, se vendent chaque année à plusieurs millions d'exemplaires. Désormais, chaque génération de gastronomes se trouve un chef qu'elle suit aveuglément. En voici trois, à titre d'échantillon représentatif.

Jamie Oliver, 28 ans, cuisine chaque semaine en *prime-time* devant une moyenne de trois millions de téléspectateurs. Son surnom, *The naked chef* (autrement dit, « le chef nu »). Il reçoit la caméra chez lui, entouré de sa femme Julie et de ses enfants. Devant les téléspectateurs fascinés, il improvise et trousse par exemple un génial encas pour ses amis avant une virée au cinéma. Sa spécialité, les plats de pâtes. Et une seule devise : huile d'olive, ail et basilic. La règle d'or de cette *Modern British Cuisine* dont il est l'un des représentants.

Nigella Lawson, 42 ans, teint de rose, grands yeux noirs, belle brune accorte, porte le nom de son père, chancelier de l'Échiquier[2] de la Dame de Fer. Baptisée reine du gastro-porn (ou « porno gastronomique ») pour sa façon de lécher les casseroles de cho-

---

1. Amateurs de tout ce qui se mange.
2. Ministre de l'économie.

colat en gros plan, elle attire également des millions de téléspectateurs à une heure de grande écoute. Le critique de télévision Gareth McLean n'y va pas par quatre chemins pour décrire sa dernière émission : « Il fallait s'y attendre de la part de la Sylvia Kristel[1] du *gastroporn*. L'émission spéciale Noël de Nigella dégouline de crème et inspire le frisson sexuel. On se dit qu'elle n'a pas besoin d'électricité pour cuire ses plats tant elle en dégage. Avec sa nouvelle coiffure, légèrement plus bouclée que la précédente, elle avait même l'air d'avoir été, comme ses croquettes dauphine, fraîchement sautée, sortie en hâte de son lit, essoufflée et échevelée. Voici en fait l'intérêt majeur de l'émission. »[2] Grâce à elle, de nombreux célibataires et pères de famille se sont soudain découvert une passion pour la cuisine.

Troisième mousquetaire de la gastronomie anglaise, Delia Smith, jolie brune cinquantenaire, vient d'entrer dans le dictionnaire d'Oxford[3]. C'est tout dire. Ses livres de recettes se hissent imperturbablement en tête des best-sellers depuis plus de trente ans. Celle qui commença à travailler à l'âge de 16 ans comme apprentie coiffeuse revient de loin. Après un passage à la plonge d'un restaurant à l'âge de 21 ans, elle prend des cours de cuisine. En 1969, elle signe les recettes du *Mirror* puis de l'*Evening Standard*. Puis ses cours de cuisine diffusés à la télévision font d'elle une vedette du petit écran du jour au lendemain. Le mérite de Delia Smith : avoir désinhibé plusieurs générations de ses compatriotes en dédramatisant la cuisine et en expliquant les réflexes de base. Son best-seller *Comment cuire un œuf* demeure jusqu'à ce jour son plus grand succès !

Au fait, les livres de ces trois chefs, publiés ces dernières années en France, pays de « l'art de vivre » dit-on, s'y vendent comme des petits pains. Soyons *fair play*, saluons ce retournement de situation. Chapeau bas.

---

1. Vedette du film érotique « Emmanuelle » en 1974.
2. Dans *The Guardian*, 27 décembre 2000.
3. Aussi prestigieux que notre Petit Robert.

God save the Queen

Monarchie : son rôle, sa place, son avenir

La monarchie nous coûte 80 centimes par an et par personne, moins que le prix de deux pintes de lait. Comparaison qui a de quoi laisser dubitatif à moins de considérer abandonner la Reine ou le thé au lait (…) Prenez une autre série de chiffres publiés cette semaine. D'après des consultants américains, le malentendu du président Bush au sujet des armes de destruction massive va coûter à chaque famille américaine 3 415 dollars. Soudain, la somme de 80 centimes pour le divertissement que nous procure la famille royale depuis plusieurs années semble une bonne affaire.

Editorial du journal de gauche *The Observer*,
27 juin 2004.

Charles est davantage gardien du kitsch qu'héritier du trône.

Polly Toynbee, éditorialiste.

On l'oublie trop souvent, une monarchie gouverne la Grande-Bretagne. Citoyens et parlementaires y sont les sujets du souverain, en l'occurrence de la souveraine, chef de l'État. La Reine énonce la politique du gouvernement dans son discours annuel, approuve les lois, déclare les guerres, anoblit les pairs du royaume, et, dans les situations d'urgence nationale, peut rejeter les avis du Parlement.

Les Nouveaux Anglais

Une loi non écrite en Grande-Bretagne veut cependant que le Parlement soit le véritable dépositaire de ce pouvoir et qu'il puisse décider seul. C'est ainsi que Tony Blair, au grand dam de la souveraine, ne la consulta pas avant d'annoncer sa décision d'abolir la fonction de Lord Chancellor, en théorie le ministre le plus important de la Reine. Fonction créée pourtant des siècles avant celle de Premier ministre.

C'est d'ailleurs sous les deux mandats de Tony Blair que l'idée même de monarchie a le plus souffert. Dans les cours des tribunaux, peu d'accusés comprennent aujourd'hui ce qui se cache derrière cette « Regina » qui les poursuit en justice. Et, à Whitehall[1], James Bond est bien le seul à se déclarer encore « au service de sa Majesté ».

À l'âge des audits et de la transparence comptable, la Firme[2] a dû faire des concessions. La liste civile, autrement dit la pension annuelle versée par les contribuables et touchée par les différents membres de la famille royale, est publiée en détail chaque année. Et depuis 1998, la Reine paye des impôts. Symboliques, certes. Les dépenses des Windsor sont également communiquées à la Nation. Une lecture qui réserve parfois des surprises : celle d'apprendre par exemple que le prince de Kent, cousin de la Reine, ne payait pas de loyer pour son modeste pied à terre, 300 m^2 au palais de Kensington.

Avec la fin de l'Empire et le déclin de l'église anglicane dont la souveraine reste la « papesse »[3], la royale institution a pris ces derniers temps un sacré coup de vieux. Sa place et son rôle dans le monde actuel provoquent de plus en plus de débats. Si la Reine s'efforce de camper sur son superbe quant-à-soi, empreint de mystère, elle n'arrive plus à empêcher les fuites, cancans et autres ragots. D'anciens serviteurs de sa Majesté vendent à prix d'or leurs souvenirs aux

---
1. Centre du pouvoir parlementaire et politique.
2. Surnom donné à la famille royale.
3. Ou, plus précisément, gardienne de la Foi. Merci Henry VIII.

maisons d'édition. D'autres se voient obligés de déballer leurs histoires devant la justice, comme l'ancien majordome de Diana, accusé d'avoir volé les effets personnels de la Princesse après sa mort. La Reine s'étant miraculeusement et in extremis souvenue d'une conversation qui l'innocentait, son procès fut dissous du jour au lendemain. En revanche, rien ne devrait arrêter la diffusion par Channel 4 de la première dramatique de télévision consacrée à la vie de la princesse Margaret, sœur cadette de la Reine. Décédée dans son île de Moustique en février 2002 à l'âge de 71 ans, celle qu'on avait appelée « la princesse triste » s'illustra par sa vie tumultueuse, son amour du gin et ses aventures avec Mike Jagger et Peter Sellers, entre autres.

La situation sentimentale du prince Charles, héritier du trône, continue également à faire jaser. Alors même qu'elle semble enfin se régler. Maman a en effet accepté que son fils aîné, veuf, convole en justes noces avec sa maîtresse de toujours et concubine depuis plusieurs années, Camilla Parker-Bowles, divorcée. Hé oui, sans la permission de maman, impossible au sexagénaire de se marier, c'est le *Royal Marriages Act* de 1772 qui le dit. Une chance, Camilla n'est pas catholique. En effet, il n'y aurait eu alors aucun espoir. Les membres de la famille royale n'ont pas le droit d'épouser des catholiques, selon l'*Act of Settlement* de 1702.

De nombreux sujets de Sa Majesté s'interrogent sur ce que font les membres de la famille royale pour le bien du pays. Pour mieux répondre à leurs réflexions de mauvais goût, la « maison du prince Charles » a publié, en juillet 2004, un rapport annuel de 48 pages. But de l'exercice pour Charles : convaincre ses futurs sujets de son utilité. On y apprend qu'en 2003, ce « charitable entrepreneur » a contribué à lever 100 millions de livres d'investissement pour les entreprises du pays, a multiplié les contacts au cours de 517 rendez-vous, rencontré 10 000 personnes, reçu 9 000 invités, écrit 2 000 lettres et passé en revue les 18 régiments qu'il commande, en théorie. Si les revenus du Prince ont augmenté de 20 % c'est que les 57 000 hectares de son duché de Cornouailles et ses différentes propriétés dans le pays ont rapporté plus que d'habitude. Au total, en 2003, ses revenus ont atteint 16 millions de livres (soit 24,3 millions d'euros). Quant à ses frais de maison et de représentation, payés par les contribuables, ils avoisinent 14 millions de livres. On apprend enfin que la marque créée par Charles, *Duchy Originals*, a pour la première fois affiché un profit net de 1 million de livres, reversé aux différents organismes caritatifs parrainés par le Prince. Elle le doit à ses délicieux biscuits biologiques mais également à ses shampoings et boissons sans alcool. Enfin, le citoyen se réjouit, sans doute, de savoir que la maison du patient héritier emploie 84 personnes dont 28 chefs, valets, majordomes, jardiniers et gardiens.

Malgré ces efforts évidents de transparence, certains observateurs, et non des moindres, s'en prennent régulièrement à Charles, sorte de tête de turc préférée des travaillistes. Polly Toynbee, éditorialiste, ne mâche pas ses mots[1] : « Qu'il en soit conscient ou non, quel que sujet qu'il aborde — et rien ne l'arrête pour aborder n'importe quel sujet —, le prince Charles distille l'essence du conservatisme britannique dans un brouet qui mêle allègrement protection du patrimoine avec ésotérisme new-age saupoudré un brin d'hystérie sociale. Avec sa vision rétro de l'architecture, sa fondation de promotion de la médecine alternative, il est le héros de la brigade réactionnaire. Et tombe dans tous les pièges de la paranoïa moderne. Son visage dit tout, à jamais fixé dans un rictus de regret, se lamentant sur la fin de l'âge d'or et de l'Empire. Il est le kitsch-en-kilt personnifié. »

On serait tenté d'affirmer que, bon an mal an, l'idée républicaine fait son chemin en Grande-Bretagne. Hé bien non, n'en croyez rien.

La république est une idée pour excentriques, réservée à une poignée de lecteurs du *Guardian,* nostal-

---

1. Dans un article daté du 30 juin 2004, dans *The Guardian.*

God save the Queen

giques du temps où ils achetaient *The Socialist Worker*. La république ne passera pas. Tout simplement parce qu'ils n'en ont nul besoin : le pays a prouvé que monarchie parlementaire et démocratie peuvent rimer harmonieusement et durablement. Alors que ses voisins, tour à tour monarchistes absolutistes, révolutionnaires, réformistes, napoléoniens, impérialistes, républicains, envahisseurs, agresseurs, victimes, vichyssois, fascistes, nazis, ou héroïques résistants et finalement démocrates, se déchiraient et s'entretuaient pendant des siècles, la reine Victoria et sa descendance perfectionnaient leur talent pour le croquet.

Les Britanniques ont beau se plaindre en privé de leur famille royale, railler les vues du prince Charles en matière d'architecture et d'environnement, critiquer les bourdes du prince Philippe en visite chez les Papous, et se moquer des multiples turpitudes de Fergie[1], en public, ils font tous front commun. *God Save the Queen*. Pas touche !

La reine Elizabeth II, passée en cinquante ans de premier prix de beauté à petite vieille aux chapeaux et sacs mauves, en impose encore sacrément à ses sujets. Tout comme l'institution qu'elle représente. La mort de sa mère, la *Queen Mum*, en 2002, a pu donner la mesure du phénomène. Un million de personnes sont venues accompagner la petite mère des peuples pendant le cortège royal et plusieurs centaines de milliers ont bravé pluie et froidure pour lui rendre un dernier hommage à l'abbaye de Westminster. Comme il se doit, son catafalque gardé par ses petits-fils, les princes Charles, Andrew, Edward[2] et Lord Linley[3]. Chacun était à son poste. Avec ce sens du devoir et de l'à-propos british qui fait merveille dans les grandes circonstances, guerres, mariage ou enterrement. La dignité règne. La BBC retransmettait les images en direct de l'abbaye. Là, sous les ogives vénérables, la

---

1. Ex-femme du prince Andrew.
2. Trois fils d'Elizabeth II.
3. Fils de Margaret, sœur cadette d'Elizabeth II.

relève des Princes par des gardes écossais, réglée comme du papier à musique, rabattait sans peine le caquet des étrangers. Leurs railleries leur restaient, comme d'habitude en pareil cas, en travers de la gorge.

Deux mois plus tard, le jubilé d'or de la Reine, pour lequel on avait craint une désaffection totale du public, tourne au triomphe. Les célébrations commencent avec l'allumage de lanternes à chaque sommet des collines du royaume, comme aux temps napoléoniens, et se terminent avec un concert géant dans les jardins de Buckingham Palace. Le comique Ben Elton ose quelques blagues salaces tandis que le prince Charles commence ainsi son discours : *"Your Majesty — Mummy."*[1] Le lendemain, Elizabeth II se rend à la cathédrale de Saint-Paul dans son carrosse en or massif, précédée de danseurs des Caraïbes du carnaval de Notting Hill et de quelques Hells Angels pétaradant sur leurs bécanes de la mort. Mauvaise communicatrice, la Reine ? À d'autres !

Garante de l'unité nationale, pas de doute, la petite dame incarne l'âme du pays, et se place au-dessus de la mêlée et des querelles politiques partisanes. Personne ne sait ce qu'elle pense réellement, elle n'accorde aucune interview et n'a jamais donné à ses biographes son avis sur leur travail. En revanche, elle les a invités à prendre le thé. Maniant l'humour certes, mais sans jamais se départir de sa dignité de monarque constitutionnel. Tant que la classe politique et les médias se feront la guerre, la souveraine apparaîtra comme le dernier refuge, et le symbole suprême du détachement. Le sens de la retenue en somme. Une qualité bien anglaise, n'est-il pas ?

---

1. « Votre Majesté – Maman. »

Harrods

Le snobisme à l'anglaise

L'Angleterre est une famille avec les mauvais membres aux manettes.

George Orwell.

Niché au cœur de Knightsbridge, le grand magasin Harrods, longtemps fief de l'aristocratie et de l'*upper-middle class* britannique, ne prendrait-il pas aujourd'hui des allures de repaire de nouveaux riches ? *For God's sake, what's going on here ?!*[1]

Trop facile d'incriminer les goûts de son propriétaire actuel, Mohamed Al Fayed, doué pour les affaires et amateur de clinquant. Dans le match qui oppose Al Fayed à l'aristocratie anglaise, on serait d'ailleurs plutôt du côté du snobé — Al Fayed — que des Snobs. Al Fayed tente en effet depuis de longues années de se faire accepter par l'establishment anglais. Revendiquer le titre posthume de beau-père de l'ex-futur Reine d'Angleterre (Diana) n'a semble-t-il rien arrangé.[2]

Cette anecdote met le doigt sur l'une des obsessions de tout anglo-maniaque : le rêve d'appartenir à *l'Establishment.*

Car ici la guillotine n'est pas passée et l'aristocrate n'a pas trépassé. C'est lui qui impose aujourd'hui

---
1. Bon sang de bon sang, où allons-nous ?
2. Dodi Al Fayed, fils de Mohamed, aurait demandé Diana en mariage quelques jours avant leur accident fatal.

encore les rapports de classe et continue à fasciner le peuple.

Bien-sûr, il n'est plus question aujourd'hui de se référer à la *Ruling class*[1]. Ducs et comtes héréditaires du royaume qui, jusque-là, bénéficiaient des avantages acquis par leurs ancêtres, par exemple de trôner à la Chambre des Lords, ont dû plier bagage. Tony Blair ayant réussi à imposer sa fameuse réforme mettant fin à l'hérédité des pairs du royaume en 2001. De son côté, la Reine, accueille dans son jardin du palais de Buckingham les groupes pop à la mode. Et, apprend-on, regarde le soap *Eastenders* à la télévision. Quant aux pubs, ils se dénomment plus souvent *Rat and Parrot* que *Duke of Wellington*. Australiens, Sud Africains, Canadiens se ruent à Londres et se hissent aux meilleures places sans soucis de la hiérarchie et des convenances. Ces « étrangers », anciens sujets de Sa Majesté mais toujours cousins du Commonwealth dirigent une bonne moitié des grandes sociétés britanniques. Un Égyptien a acheté Harrods et l'Archevêque de Canterbury vient du Pays de Galles. C'est tout dire.

L'*Old Establishment* doit partager aujourd'hui son pouvoir avec le *New Establishment* composé par les nouveaux maîtres de la politique et de la finance. À l'instar du *Old Labour* et du *New Labour*. « Les nouveaux riches du XXIe siècle commencent à ressembler aux ploutocrates de l'ère edwardienne voici un siècle. Ils accaparent les domaines de prédilection de la vieille aristocratie, en acquièrent le statut et la respectabilité tout en en tournant le dos à leurs origines modestes. » analyse l'historien Anthony Sampson[2].

Nous avons donc les *Toffs* (en gros, les aristos) et les *Poshs*, les nouveaux riches. Les *Poshs* essaient de calquer leurs manières sur le savoir-vivre *toff*. Mais un vrai *toff* vous dira qu'il n'est pas aisé pour qui n'est pas né *toff* d'endosser le costume. Exemples, la façon

---

1. Classe dirigeante.
2. Dans *The Observer,* 28 mars 2004.

Harrods

de parler, l'accent et le vocabulaire, (re)mettent immédiatement à leur place les ignares. Vous parlez de *living room, settee, serviettes, glasses*, alors vous n'avez aucune chance de vous faire accepter. En revanche, pour désigner les mêmes choses, vous utilisez les termes de *sitting room* (ou, au choix, *drawing room*), *sofa, napkins* et *mirrors*, articulés de la bonne façon, pas de doute, vous êtes distingué. Vous êtes *in the know*. À vous, on ne la fait pas.

Et sachez que rien ne vous empêche d'être snob, on ne vous en voudra pas. Au contraire, votre style désuet vous attirera la sympathie bienveillante de vos connaissances ayant fait leurs études à *Oxbridge* (contraction de Oxford et Cambridge), soit 2 % de la population étudiante chaque année… et 90 % de l'*establishment* aux différents postes de pouvoir du pays.

Dans les années 1960, le gouvernement d'Harold Macmillan, réformiste, avait pourtant modernisé l'administration. Mais il l'avait fait avec son cabinet comprenant treize pairs héréditaires ! Au début des années 1980, les aristos du parti conservateur, inquiets de la « roturisation » de leur parti, répandirent la rumeur selon laquelle la mère de Margaret Thatcher avait fauté avec le 10ᵉ Duc de Grafton… la Dame de Fer, de sang bleu ! Forcément. Ils ne pouvaient évidemment lancer le même bruit concernant John Major. Un John Major, qui, en 1990, se risquait à résumer la situation ainsi : « Dans dix ans, nous aurons tellement changé la société britannique qu'il n'existera plus qu'une seule et même classe. »

Il suffit de lire *The Spectator*, magazine conservateur dirigé par l'extravagant Boris Johnson (éduqué à Eton et à Oxford), pour se rendre compte que la société britannique est loin du compte. Et que, tout simplement, elle n'y arrivera jamais. Comme la république, la seule idée d'une Angleterre sans classes est un rêve de fou. Dans *The Spectator,* pourtant nettement plus détendu que son concurrent *The New Stateman*, lorsqu'on se gausse des contrariétés de la culture de masse, et de devoir passer tous les week-

Les Nouveaux Anglais

ends en Toscane pour y échapper, c'est avec humour et retenue, le petit doigt en l'air. Vraiment tordant.

Pour illustrer cette bonne santé des *toffs*, il suffit de se souvenir de la plus grande manifestation « populaire » de tous les temps en Grande-Bretagne. Elle a eu lieu à Londres en janvier 2003. Un million de personnes a défilé de Hyde Park au pont de Blackfriars pour protester contre… l'interdiction de la chasse à courre ! À cette occasion, grande première dans les annales, les clubs de la capitale sont restés ouverts afin d'accueillir leurs membres de province, pour un remontant d'après-manif. Les Londoniens, goguenards, ont ainsi vu défiler des vagues de *Barbours*[1], Burberrys et bottes Wellingtons[2]. Deux semaines plus tard, les manifestants anti-guerre en Irak ont eu du mal à rassembler autant de monde.

Le film *Gosford Park,* écrit par le scénariste anglais Julian Fellowes, époux de la nièce de Lord Kitchener, aristocrate en vue, et réalisé par l'américain Robert Altman, détaille les excentricités de cette espèce toujours très vivace. L'action se déroule lors d'un week-end de chasse en 1935. Rien n'a changé ou presque. Seule différence : aujourd'hui, tout s'achète, des titres de noblesse aux privilèges d'autrefois. Ainsi, vous pouvez, vous aussi, chasser à courre avec toute la pompe aristocratique. Vous pouvez louer les terres du Comte de Devon pour 10 000 livres sterling par jour, soit environ 15 000 euros. Pour ce prix, vous pouvez chasser au château avec sept de vos amis.

Dans la rue, enfin, la dernière mode est au *look* « Mitford », du nom des sœurs Mitford, nobles excentriques des Années folles, célèbres pour leurs extravagances en tout genre. En particulier leurs amitiés pour Hitler et Oswald Mosley[3] que l'une d'entre elles épousa. Les magazines féminins, en plein *revival*,

---

1. Célèbre modèle et marque d'imperméable ciré selon une savante et mystérieuse recette.
2. Bottes en caoutchouc prisées des gentlemen-farmers.
3. Leader des Nazis britanniques.

Harrods

conseillent à nouveau à leurs lectrices *how to get the Mitford look*[1]. Manteaux, vestes, jupes et pantalons courts en tweed, boutons de cuir, talons bobines, cardigans et capes de laine épaisse sur robes du soir en soie : une combinaison de tradition et d'excentricité. Et de provoc, vu les sympathies politiques des sœurs Mitford. Une combinaison somme toute très anglaise. Comme le résume la chroniqueuse de mode Hadley Freeman[2] : « Je trouve vraiment enthousiasmant que la mode ait déserté le *look* français chi-chi façon Chanel, pour adopter une mode plus authentique, vraiment anglaise. » *Snobbish ?*

Au fait, replongeons-nous à l'époque où le mot *snob* fut inventé. Instructif. Nous sommes dans les années d'après-Waterloo quand, à Eton, les jeunes nobles voient débarquer les fils de riches manufacturiers des débuts de la Révolution industrielle. Les *nobs* (raccourci de *nobility*), appellent *snobs* tous ceux qui aspirent à être *nobs* mais ne le seront jamais. William Thackeray consacre le terme dans son ouvrage *Book of Snobs*, série de dessins satiriques publiés dans la revue *Punch* en 1848.

Mais que les *nobs* ne s'inquiètent pas, la noblesse anglaise a encore de beaux jours devant elle. Ses membres peuvent notamment se retrouver entre eux dans les clubs de la capitale britannique. On croyait l'usage du gentleman's club passé de mode, même chez les jeunes de la *High Society*, on se trompait. Il revient en force. Le prince William vient de demander l'asile à l'un des plus prestigieux, *le White's of St James*, fondé en 1693, là même où son père passa la veille de ses noces avec un groupe d'amis. Si les années 1960 et 1970 furent mauvaises pour cette distinguée institution, celle-ci connaît actuellement un retour de flamme. Pour 850 livres sterling par an, soit 1 250 euros, le prince William pourra y retrouver ses amis de collège. Parmi les

---
1. Comment se faire le *look* Mitford.
2. Dans *The Guardian*, 3 septembre 2004.

Les Nouveaux Anglais

règles non écrites du gentleman's club : ne jamais parler affaires, s'habiller convenablement (en costume, pas de pull-over), être gentil avec le personnel. Pour devenir membre, se présenter parrainé par trois membres et recevoir le suffrage de 35 autres. La liste d'attente est d'environ 8 ans. Mais peut-être pas pour le petit-fils de la Reine.

Hooligans

La rébellion à l'anglaise

Hooliganism: the English disease.[1]

Expression consacrée.

Sa couche de graisse cache des muscles, il est fort, l'animal. Bave aux lèvres, canette à la main, vêtu du *sweat-shirt* de l'équipe qu'il défend, il pète, il rote, il hurle, il sent mauvais. Sans parler du langage, des coups de poings, de pieds, de boule, des injures racistes et autres joyeusetés. On l'appelle hooligan, on pourrait tout aussi bien l'appeler sac à bière.

Vous l'aurez compris, le hooligan a donné naissance au hooliganisme, une attitude faite de brutalité et de destruction aveugle.

Le hooliganisme, voilà bien l'une des plus grandes contradictions chez nos amis les Anglais. Ils donnent l'image d'un peuple des plus tolérant, courtois, raisonnable, ayant peu de goût pour les extrémismes politiques. Ils ont résisté au nazisme comme au communisme et à toute dérive totalitaire. Pourtant, ce peuple policé déplore à chaque rencontre de football, une manifestation chauvine voire raciste extrêmement violente, quasiment unique au monde.

Pour mieux comprendre le phénomène, quelques précisions et un retour en arrière s'imposent. Distinguons l'Angleterre des trois autres nations qui com-

---

1. Hooliganisme : la maladie anglaise.

Les Nouveaux Anglais

posent le Royaume-Uni, l'Ecosse, l'Irlande du Nord et le Pays de Galles, et rappelons-nous qu'il n'existe pas d'équipe nationale britannique. Chaque nation a son équipe et seule l'anglaise a su se hisser parmi les meilleures du monde. Son drapeau est d'ailleurs celui de Saint Georges, protecteur de l'Angleterre depuis 1270, croix rouge sur fond blanc et non l'Union Jack, symbole du Royaume-Uni qui combine les croix de Saint Georges avec celles de Saint Patrick et de Saint Andrew[1]. Ses fans sont anglais mais pas forcément britanniques. Ainsi, dans un match opposant, par exemple, le Brésil et l'Angleterre, bon nombre d'Irlandais, de Gallois et d'Écossais choisiront de soutenir les Brésiliens. À noter que, lors d'un match France-Angleterre, les cousins Saxons font bloc, généralement. Seuls des Écossais ont parfois l'audace de nous soutenir contre les Anglais. En souvenir sans doute de notre alliance contre l'ennemi commun en 1295 !

Et qui a inventé le football ? Les Anglais ! Dès son apparition, au XIIIe siècle, ce jeu de « balle au pied » suscite la violence. Dans l'Angleterre moyenâgeuse, les deux équipes étaient souvent constituées de bandes rivales, jeunes en colère de deux villages ou deux villes voisines. Le match devenait une sorte de tournoi permettant de résoudre des disputes entre villageois ou propriétaires terriens. L'équipe gagnante consacrait la victoire du plus fort, pas forcément du plus juste. Cette forme violente de combat tribal a duré pendant des siècles. Jusqu'à ce que, au XIXe siècle, l'aristocratie anglaise la façonne à son image : le football devient alors discipliné, chevaleresque, un exemple de fair-play. Et c'est bien là que le bât blesse. Selon les sociologues, la violence originelle serait réapparue lorsque le peuple s'est réapproprié son jeu après la Seconde Guerre mondiale. Pour lui rendre son véritable style : une bataille de chiffonniers.

---

1. Respectivement saints patrons d'Irlande et d'Ecosse. Quant au dragon gallois, il n'y figure pas car le pays de Galles formait déjà une entité avec l'Angleterre au moment de la création de l'Union Jack en 1606.

Hooligans

Dans les années 1960, l'expression même de hooliganisme, désignant le comportement violent des fans de football avant, pendant et après chaque rencontre sportive, se répand. Une dizaine d'années plus tard, le phénomène s'étend au continent européen, notamment en Allemagne, Pays-Bas, Belgique et Italie, quoique jamais avec l'ampleur observée en Angleterre. Curieusement, des pays comme la France, le Portugal, l'Espagne et la Suisse semblent épargnés par le phénomène même si des violences dues au football existent ici et là. Scientifiques et sociologues commencent alors à se pencher sur la question et à véritablement s'écharper sur ses différentes causes. Les sociologues d'obédience marxiste en total désaccord avec les psychologues de l'école empirique se livrent sur le sujet à des batailles universitaires forcenées. Le sujet a infecté ses commentateurs et stimulé la curiosité des chercheurs.

À partir de 1970, les centres de recherches universitaires dédiés au phénomène fleurissent. Pas une université en Grande-Bretagne sans un étudiant en doctorat de sociologie écrivant sa thèse sur les hooligans. Ils n'hésitent devant rien pour expliquer leur comportement: de la néfaste pollution au plomb aux carences en zinc. Enfin, ils montrent du doigt une certaine presse.

En effet, de nombreux observateurs lient l'extrémisme des hooligans anglais avec le sensationnalisme xénophobe de la presse tabloïd anglaise. Souvenez-vous du championnat d'Europe de 1996: le jour de la rencontre Angleterre-Allemagne, les tabloïds (tirant à plusieurs millions d'exemplaires chacun) parlent d'une confrontation digne de la Deuxième Guerre mondiale. Le *Daily Mirror* titre "Achtung Surrender!"[1] tandis que *The Sun* ose "Let's Blitz Fritz!"[2]. Je me souviendrai toujours de ce soir, quand l'Allemagne a vaincu l'Angleterre au championnat: dans

---
1. Haut les mains, rendez-vous!
2. Faisons la peau aux Fritz!

Les Nouveaux Anglais

les rames de métro, sur les rives de la Tamise, dans les rues de la capitale, partout des visages fermés et un silence de plomb. Une ambiance de deuil national.

Et puis, ajoutent les sociologues, le hooligan aime tout simplement la castagne et vit les batailles de rue contre les fans de l'équipe adverse comme un divertissement. Un film, *The Football Factory*[1], montre bien l'engrenage : l'ennui du week-end, la consommation d'alcool avec les copains, le désœuvrement dû au chômage, enfin le désir d'appartenir à un clan. Les matchs eux-mêmes deviennent presque un prétexte.

Pour bien marquer leurs différences, les hooligans aiment s'habiller de la même façon, un moyen de se reconnaître entre eux. Ils ne jouent pas aux dandys comme les Teddy Boys des années cinquante avec leur longue veste edwardienne à revers de velours et leur coiffure en banane. Ils ne se caparaçonnent pas dans le cuir noir des motards en folie façon Marlon Brando dans *L'équipée sauvage*[2]. En ces années 2000, ils nous ont réservé une surprise : ils adoptent de plus en plus le Burberry. Et troquent le survête ou le short-tee-shirt pour le blazer, la casquette et la chemise stricte de la célèbre marque si British.

Caprice ou volonté délibérée de se moquer de la ségrégation sociale en adoptant les insignes de *l'upper middle class* et de l'aristocratie ? Les hooligans auraient-ils de l'humour ?

---

1. Adapté du roman de Nick Hornby et réalisé en 2004 par Nick Love.
2. *The wild one*, film de 1953 interdit en Grande-Bretagne plus de quinze ans après sa sortie.

Hugh Grant

*Les multiples facettes
du cinéma anglais*

Euh, oui, écoute, désolé, vraiment mais j'ai une question vraiment idote à te... je veux dire, enfin, je me demandais si par hasard, mais ce n'est pas parce que j'ai couché avec neuf autres filles, mais je me demandais, je pense, enfin, je ressens vraiment, en bref, pour récapituler en fait de façon un peu plus claire, et pour citer David Cassidy, euh, « je pense que je t'aime ».

Hugh Grant interprétant le personnage
de Charles dans *4 Mariages et 1 Enterrement.*

Pour les Français, le cinéma anglais se résume presque uniquement aux films sirupeux sortis tout droit des fournils de l'usine à guimauve Working Title. Working Title, seul studio de cinéma digne de ce nom en Grande-Bretagne. Cela ne vous dit rien, pourtant vous avez vu ses films : *4 Mariages et 1 Enterrement, Coup de foudre à Notting Hill, Le journal de Bridget Jones (1 et 2), Mr Bean, Johnny English, Pour un garçon, Billy Elliot, Love Actually,* etc. Ces films, comme des dépliants d'agence de voyage, vendent aux spectateurs du monde entier une image assez fausse de la société anglaise et de la Grande-Bretagne. Ils ont presque tous pour star, Hugh Grant.

Grant ? Non, pas Cary, l'autre Grant, celui d'aujourd'hui, du quartier londonien de Notting Hill. Pourtant, au premier coup d'œil, on aurait presque pu s'y

Les Nouveaux Anglais

tromper : deux beaux garçons, deux jeunes premiers devenus *leading men*[1] au goût certain pour la comédie et aux grimaces faciales prononcées. Deux destins croisés. Tandis que Cary Grant, de son vrai nom Archibald Leach, ancien acrobate des faubourgs de Bristol et fils du peuple, s'est hissé avec grâce et une distinction naturelle au panthéon des stars du XXe siècle, l'autre, fils de la *upper middle class*, diplômé d'Oxford et joueur professionnel de golf, s'il a gagné en célébrité sur toute la surface du globe, a quelque peu perdu la classe de ses débuts.

Hugh Grant est en effet devenu le porte-parole de ce cinéma tourné vers Hollywood, les deux pieds vissés au sol, incapable de s'assumer pleinement, englué dans le jeu douloureux de l'auto-dérision.

Nick James, rédacteur en chef de la célèbre revue de cinéma *Sight and Sound,* résume bien la situation : « J'ai toujours une impression bizarre devant ces films. Leur sensibilité est anglaise, et non pas britannique, nuance, et leur parfum, américain. Comme si le scénariste Richard Curtis, la pierre angulaire artistique de Working Title, vivait dans une île à mi-chemin entre le Sussex et le Massachusetts. Les Britanniques y sont presque toujours montrés comme des êtres qui se détestent, se trouvent laids, incompétents, nuls, manient l'auto-dérision et l'auto-flagellation du matin au soir. Ils ont un complexe d'infériorité vis-à-vis des Américains tout en les dénigrant. Quant à l'Europe, c'est une Europe de carte postale. »

Jonathan Romney, réalisateur et critique de cinéma pour *The Independent on Sunday*, ajoute : « Ces films montrent une vérité très réduite de la société britannique. Un peu comme les pages Lifestyle du *Times*. Ce sont des films de parc à thèmes. Leur inspiration vient des sitcoms, ceux-là même que Richard Curtis écrivait avant de se lancer dans le cinéma. Il existe une réelle crise aujourd'hui dans le cinéma britan-

---

[1]. Rôles principaux.

nique : il ne sait plus comment représenter la société britannique et semble coincé entre ces deux extrêmes, les films de Working Title d'une part, et les films de Ken Loach de l'autre. »

Cette vitrine populaire et très lucrative du cinéma « anglais » conforte en fait les ténors de la critique continentale, aveuglée par des propos tenus jadis par les maîtres de la Nouvelle Vague française (et d'ailleurs peu après reniés par leurs auteurs). Et qu'ont-ils dit, nos chers maîtres ? Que le cinéma anglais serait « une contradiction dans les termes ». Les Anglais ne sauraient pas faire de cinéma.

Attendez une minute. Quand leurs artistes n'ont pas tout simplement conquis Hollywood et le monde entier (Charlie Chaplin, Cary Grant, James Mason, Alfred Hitchcock, Alexander McKendrick, Elizabeth Taylor, Richard Burton, entre autres !), ils sont restés en Angleterre et ont produit l'une des plus riches cinématographies du XXe siècle. Personne n'a entendu parler du *Free Cinema* ? Non, bien sûr, nous autres Français étions trop occupés à découvrir JLG[1] par JLG. Jamais entendu parler de Karel Reisz, Lindsay Anderson, Tony Richardson, Robert Hamer, Jack Clayton ? On vous les avait cachés. Et je ne parle pas de Michael Powell ou encore d'Emeric Pressburger, connus mais tenus dans une mésestime toute hexagonale.

Un mot sur le *Free Cinema*, grand frère de la Nouvelle Vague française. Ses hérauts : Karel Reisz, Tony Richardson, Lindsay Anderson, John Fletcher, Walter Lassally, Lorenza Mazzetti. Trois d'entre eux sont des enfants d'Europe centrale réfugiés à Londres pendant la guerre. Et pourtant, plus anglais, impossible. Plus en colère, impensable. Ces jeunes gens font leurs films ensemble. Quand l'un assure la réalisation, alors l'autre produit, le troisième monte et le quatrième photographie. *The Lambeth Boys* et *Mamma Don't Allow*, par exemple, moyens métrages ayant pour tout dialogue des improvisations de jazz, montrent les

---

1. Jean-Luc Godard

Les Nouveaux Anglais

Anglais tels qu'on ne les avait jamais vus : au travail, dans la rue, le samedi soir entre amis. On y voit les jeunes ouvriers et les enfants de la haute se croiser dans les boîtes de jazz. Et puis, quand la fête est finie, les jeunes ouvriers retournent dans leur banlieue avant de rejoindre, le lendemain, tôt, leur usine ou échoppe. Il existe dans ces films une liberté enivrante, une spontanéité que l'on retrouvera plus tard chez un Cassavetes ou un Godard.

Il est tellement simple d'ignorer le passé et de croire que le cinéma anglais se limite aujourd'hui à faire le grand écart entre les grimaces de Hugh Grant et la révolte « un rien dépassée mais quand même sympathique » de Ken Loach. Et Terence Davies, Stephen Frears, Pawel Pawlikoski, Shane Meadows, Lynne Ramsay, Emily Young ! Rira bien qui rira le dernier. Pendant que le jeune cinéma français se noie, à quelques exceptions près, dans un narcissisme et une prétention qui n'intéresse que ses auteurs, de l'autre côté de la Manche, des artistes luttent coûte que coûte contre un système de financement qui les a depuis longtemps oubliés. On pourrait avoir la décence et la courtoisie de les aider, au moins du regard. Vive le cinéma anglais !

James Bond

Le mythe du gentleman

L'acteur qui prétend ne pas vouloir jouer James Bond ment, c'est le rôle d'une vie !

Roger Moore.

Les Anglais sont des *gentlemen*, toujours et en toute occasion. Les Français, en comparaison, se conduisent en ours mal léchés. Ainsi va la légende.

La doit-on à la Révolution française ? En coupant la tête des *gentlemen* français, autrement dit des gentilshommes, nobles de naissance, la Révolution aurait ainsi privé la France de tous les hommes « à la conduite pleine de distinction et de délicatesse »[1]. L'Angleterre serait devenue par contraste terre d'asile des gentlemen et autres gentilshommes chassés par la Révolution.

Tandis que le peuple français mettait des décennies à se réapproprier par l'éducation les qualités autrefois conférées à l'aristocratie, dont distinction et délicatesse, le gentilhomme anglais demeurait pour toujours l'une des seules références et aspiration de tout un peuple.

Où en sommes-nous aujourd'hui en France ? Nous avons Arsène Lupin, gentleman-cambrioleur, en Angleterre, ils ont Sir James Bond, gentilhomme-espion. Étudions de plus près l'agent 007. À quoi res-

---

[1]. Attributs du gentilhomme selon le Petit Robert.

Les Nouveaux Anglais

semble ce gentleman anglais, le seul qui ne prend pas une ride et fait toujours salle comble dans le monde entier ?

Le héros de Ian Fleming, né au début des années 1920, quelque part en Écosse, est un peu aristocrate par son père, et *upper middle class* par sa mère. Bien éduqué, connaisseur de vins fins, joueur hors pair, sportif de haut niveau, l'esprit vif et le patriotisme chevillé au corps et à l'âme, James (vous remarquerez que personne n'ose l'appeler Jim, encore moins Jimmy) a tous les attributs du parfait gentleman anglais.

Descendant de Norman Le Bond, il a pour devise : « Le monde ne suffit pas ». Son père vend des armes en Allemagne et en Suisse. Mais en 1932, c'est le drame, ses parents meurent dans un accident de montagne non loin de Chamonix. Le jeune James est recueilli en Angleterre par sa Tante Bond. Admis à Eton, il ne reste que deux semestres à cause d'« ennuis » avec la femme de chambre. Il entre alors au célèbre et tout aussi prestigieux collège de Fettes, à Edimbourg, où l'a précédé feu papa Bond et le suivra le jeune Tony Blair. Il s'y fait surtout remarquer pour ses dons de sportif avec un penchant pour la boxe.

Adulte, il mesure 1,85 m pour 75 kg. Cheveux bruns et yeux bleus, celles qui l'ont côtoyé de près ont remarqué une petite cicatrice sur la joue droite. Il a évidemment des goûts raffinés : costumes non croisés, chemises toujours blanches, cravates en soie. En gastronomie, c'est le caviar qu'il préfère, accompagné d'un soupçon de jaune d'œuf. Il a également un faible pour les soles meunières, les quenelles de brochet et… la viande tendre. À l'heure du goûter, du foie gras.

Le thé ? Très peu pour lui, il préfère le rouge qui ne tache pas : le Mouton Rothschild 1947 par exemple. En Champagne, seuls Taittinger, Bollinger et Dom Pérignon trouvent grâce à ses yeux. À l'apéritif, une vodka martini, medium dry, servi au shaker. James fume, beaucoup. Depuis l'adolescence, il est fidèle aux Morland Specials. Quant aux femmes, elles doivent être comme lui, belles et distinguées.

James Bond

À ses yeux, « la femme idéale doit savoir faire la sauce béarnaise aussi bien que l'amour. Des cheveux d'or, des yeux gris, une bouche à damner un saint, un corps parfait. Un grand sens de l'humour, de l'élégance et un talent aux cartes. Qu'elle choisisse bien son parfum, sache bien s'habiller. Robe noire sur peau bronzée, pas de bijoux et ongles naturels. »[1]

Côté revolver, nous ne saurons jamais pourquoi Bond a délaissé le Beretta (calibre 25) de ses débuts pour un Smith & Wesson (calibre 38), sans doute parce que ce dernier est une arme plus virile. Côté voiture, deux marques préférées : Bentley et Aston Martin.

Voilà le gentleman anglais dessiné une fois pour toutes par Ian Fleming.

Un personnage qui, avec le temps, se met peu à peu à ressembler à une caricature de lui-même, à une espèce en voie d'extinction, voire à une imposture.

En effet, le mythe du parfait gentleman, agent de sa Majesté a récemment pris un sacré coup. Les archives ultra-confidentielles du célèbre espion Maxwell Knight, enfin déclassées en mai 2004, montrent que les plus belles affaires d'espionnage de la première partie du XXe siècle ont été menées par des femmes. En avril 1945, Knight écrit une note : « Il existe un préjugé totalement non fondé et sévissant depuis de nombreuses années concernant l'utilisation d'agents femmes au sein du MI5. Pourtant, les plus belles affaires d'espionnage et de contre-espionnage nous ont été données par des agentes. On estime à tort que les femmes sont moins discrètes que les hommes, trop sensibles, trop irrationnelles et que le sexe risque de les rendre peu fiables dans leur travail. Mon expérience personnelle a prouvé tout le contraire. Les indiscrétions sont faites généralement par des gens orgueilleux et vaniteux, deux qualités que l'on retrouve davantage chez les hommes que chez les femmes. »[2] Voilà James Bond relégué en deuxième division d'espionnage.

---

1. Propos de Ian Fleming prêtés à James Bond.
2. Propos rapportés dans *The Guardian*, 21 mai 2004.

Les Nouveaux Anglais

Côté auteurs, John Le Carré et Graham Greene, véritables espions en leur temps, et contemporains de Bond, n'ont jamais caché leur aversion pour le personnage de Fleming. Au point de l'appeler « gentleman dégénéré ». Récemment John Le Carré (de son vrai nom David Cornwell, ancien professeur à Eton) expliquait : "I think that the extremely old-fashioned schools such as Fettes leave marks of puritanism and deformation."[1] Son attaque visait autant James Bond que Tony Blair, deux gentlemen.

Et si, pour sauver le mythe du gentilhomme, les Anglais renouvelaient le concept ? Les propriétaires de la marque déposée James Bond pourraient commencer par créer un autre personnage, plus moderne et plus proche de la réalité : celui de la *gentlewoman*, femme du peuple et espionne de choc. *And why not ?*

---

1. « Je pense que les écoles démodées comme Fettes déforment les esprits et les rendent puritains ». À l'antenne de la BBC Radio 4, dans *Today's Programme*.

London Eye

Une capitale en mutation constante

L'homme qui réussit à dominer un dîner londonien, peut dominer le monde.

Oscar Wilde.

Quand un hommme est fatigué de Londres c'est qu'il est fatigué de la vie. Car on trouve à Londres tout ce que la vie peut offrir.

Samuel Johnson.

Je pars car il fait vraiment trop beau. Je déteste Londres quand il ne pleut pas.

Groucho Marx.

S'il y a une capitale européenne qui défie les clichés, c'est bien Londres. En constante mutation sociale, culturelle et architecturale, d'un mois à l'autre, elle change de visages. À Londres, peu de lignes directrices, guère d'harmonie entre les différents styles, mais des ensembles d'une force massive éclairée de percées d'une beauté éclatante, avec, en plus, un charme indéfinissable. Londres, c'est plusieurs images qui se juxtaposent.

Tout d'abord, celle du Londres des quartiers de Hampstead, Primrose Hill, Chelsea et Notting Hill, ce dernier immortalisé par le film *Coup de foudre à Notting Hill* avec Hugh Grant, incontournable ambassadeur de l'Angleterre dans le monde. Les demeures de stuc blanc parfaitement alignées avec leur perron aux colonnades blanches donnant sur des places en demi-lunes, ces fameux *crescents*, nous plongent dans le Londres de la deuxième moitié du XIXᵉ siècle, bourgeois, cossu et tranquille.

Les rues de l'East End nous racontent, au contraire, des épopées dramatiques. Brick Lane dévoile les différentes strates de l'immigration londonienne. Tout d'abord, celle des huguenots ayant fui les guerres de religion. Les anciens temples, transformés en synagogues au début du XXᵉ siècle, des étoiles de David toujours gravées dans la pierre, sont devenus aujourd'hui écoles coraniques. Les ateliers des tailleurs d'origine polonaise ou ukrainienne arrivés à la Belle Époque, abritent à présent les confectionneurs indo-pakistanais. Les maisons de trois ou quatre étages, en briques marron, n'ont guère changé depuis ces années-là. Sous la patine, on mesure l'écoulement du temps.

Les quais Sud de la Tamise, d'Embankment à Tower Bridge, entremêlent les fils d'une même histoire : ceux de la Révolution industrielle dans les entrepôts des chemins de fer de Waterloo, ceux du Swinging London et ceux du quartier culturel de la South Bank construite en béton armé. Les nouveaux lofts de *yuppies* de London Bridge témoignent de la flambée financière des années Thatcher, de la vogue de la gastronomie avec le marché de Borough Market, de l'hommage au passé avec le Globe Theatre, copie à l'identique du théâtre de Shakespeare, enfin du renouveau du travaillisme avec les bureaux du maire de Londres au pied de Tower Bridge. En face, le quartier de la finance, la City, vient d'accueillir le Gherkin, gros concombre signé Norman Foster, troisième plus grande tour du paysage londonien remarquable par son système d'aération révolutionnaire et écologique : entre autres avantages, elle peut se passer de climatisation.

La vue du pont de Waterloo permet de découvrir d'un regard le désordre incomparable de l'architec-

London Eye

ture londonienne. De là, en amont et en aval de la Tamise, toute la force de la Révolution industrielle se mêle à la rage du Londres du XXIe siècle. À l'ouest, le London Eye, l'œil de Londres, grande roue de 135 mètres, offre depuis le 1er janvier 2000, premier jour du nouveau millénaire, la vue la plus élevée sur la ville et éclaire de ses petites lumières bleues la tour de Big Ben qui, il n'y a pas si longtemps, défiait les bombes de la Luftwaffe. À l'est, le Millenium Bridge, cette curiosité, un pont flambant neuf, sitôt ouvert au public en l'an 2000, sitôt fermé. La souplesse inquiétante de sa structure lui a valu le surnom de *wobbly bridge*[1]. Enfin rouvert au public, il semble jaillir des turbines de l'ancienne centrale électrique métamorphosée en temple de l'art contemporain, la Tate Modern. De l'autre côté du pont, rive nord, l'ancien quartier des abattoirs, Charterhouse, offre toujours les meilleurs restaurants de viande de la capitale.

Il serait injuste d'oublier les marchés aux puces de Bermondsey, Peckham, Islington et Camden Town, le pittoresque canal reliant King's Cross à Little Venice, Marylebone, cœur de Londres, Edgware Road et ses restaurants libanais et saoudiens, Holland Park et ses demeures de milliardaires, West Hampstead, Queen's Park et Kilburn, quartiers bobo, ex-popu, qui montent, enfin Farringdon, royaume des entrepôts reconvertis en *penthouses* pour *traders* de la City. Sans oublier Old Street, Bethnal Green et Columbia Road avec son inoubliable marché aux fleurs du dimanche matin.

Londres, c'est tout ça. Comme Rome, elle ne s'est pas faite en un jour et ne pourrait se résumer en une phrase ou une image. On peut lire dans ses rues un bel éventail d'histoires hautes en couleur et parfois tragiques : le grand incendie de 1666 qui a duré six jours et privé de logement 100 000 Londoniens, les aventures d'*Oliver Twist* de Charles Dickens, les cauchemars éveillés de Jack l'Éventreur, l'enfer des

---

1. Pont branlant.

Les Nouveaux Anglais

bombardements nazis, les nuits sans sommeil des Rolling Stones.

Londres écrit son histoire de façon décidée, pragmatique et désinvolte, sans la moindre pause pour la postérité, au gré des exigences du marché et de l'économie. Londres, dure pour les pauvres et bonne pour les riches, n'est pas tendre pour les faibles mais se donne au premier qui réussit. Londres hait la nostalgie et ne se retourne jamais vers le passé. Ses rues changent de devantures chaque semaine, dans un rythme effréné, à la recherche affichée du profit, seule mesure du progrès.

Et surtout ne vous risquez pas à établir des comparaisons entre Londres et Paris. N'oubliez pas que, voici soixante ans, dernier rempart du monde libre, Londres a dû se forger un caractère en acier trempé sous la pluie des V1 et des V2[1]. Puis reconstruire avec des méthodes d'urgence si drastiques que le style des nouveaux quartiers sortis de terre comme des champignons doit prendre le nom de « brutalisme ». Londres, brutale. Et magnifique.

---

1. C'est le 13 juin 1944, quelques jours seulement après le débarquement allié en Normandie, que commence l'offensive des bombes volantes, appelées V1 et V2, contre Londres, à partir de rampes de lancement situées entre la Seine et la frontière belge.

Londonistan

Londres, terre d'asile pour extrémistes en tout genre

Londres est un perchoir pour chaque oiseau.
    Benjamin Disraeli, Premier ministre anglais.

Londres et la Grande-Bretagne, terre d'asile. Pour le meilleur et pour le pire. Hier comme aujourd'hui.

Pour le meilleur tout d'abord. Londres sous le Blitz, l'accueil et l'aide aux « Français libres », l'atmosphère si particulière d'héroïsme teinté d'humour aux accents de Glenn Miller et de Stéphane Grappelli, la page d'histoire qui s'est alors écrite à Londres animée par les discours enflammés de Churchill et le courage souriant de la famille royale, reste l'une des plus belles de l'histoire du XXe siècle.

La capitale britannique a toujours été un havre pour les révolutionnaires et activistes de tout poil. Les aristocrates français fuyant la Révolution, les révolutionnaires échappant à la Restauration, les Bourbons détalant de la France orléaniste, Victor Hugo chassé par Napoléon III, les Communards déguerpissant pour toujours : Londres, Ô merveilleux refuge. Sans Londres et la Grande-Bretagne, que seraient devenus De Gaulle et les Français libres ? Où seraient allés tous les gouvernements provisoires des pays occupés par l'Allemagne nazie ?

Londres, un refuge, pour le pire, parfois. Aujourd'hui, les médias du monde entier ont consacré l'expression *Londonistan*. Elle montre du doigt la capitale devenue plaque tournante du terrorisme international. Londonistan, Afghanistan, Kazakhstan... La forte présence de groupes extrémistes liés au terrorisme fondamentaliste musulman aurait changé le visage de Londres et de ses faubourgs. À chaque époque, son idéal ou sa terreur.

Les autorités britanniques ont toujours préféré surveiller ouvertement plutôt que d'interdire. C'est ainsi que leur respect légendaire pour la liberté d'expression a attiré les révoltés du monde entier qui trouvent en Angleterre et à Londres l'indépendance de mouvement et de parole qu'on leur interdit ailleurs. L'attachement des Britanniques à la liberté d'expression est telle que l'on voit souvent à la télévision des images surréalistes de prédicateurs fondamentalistes juchés sur une estrade appelant au meurtre, à la guerre sainte et à la fin de la démocratie, et dont la protection est assurée par des *bobbies* déférents.

Les révoltés de la fin du XXe siècle réfugiés à Londres ne sont plus les Bourbons ou les Français libres. Ils sont kurdes, tamouls, basques, irakiens, irlandais, islamistes de toute nationalité. Leurs activités ? D'ordre financier et « pédagogique ». À l'instar du mouvement Al-Mihajiroun (autrement dit « Les Émigrés ») qui répand les convictions de leur chef, le cheik Omar Bakri Mohamed, auprès des jeunes étudiants de Londres et des universités du Nord de l'Angleterre. Son but est clair : l'établissement d'un état musulman global, par la djihad s'il le faut, puisque la guerre sainte constitue ce que Cheik Bakri appelle : « un des devoirs de tout bon musulman ». Le mouvement organise donc conférences et groupes de discussions au sein des universités à travers ses associations étudiantes. Parallèlement, une autre branche du mouvement s'occupe de rassembler des fonds qui viennent alimenter les réseaux terroristes, à l'extérieur de Royaume-Uni.

Au fait, comment transitent ces fonds ? Jusqu'au 11 septembre 2001, le gouvernement britannique semblait, comme un gros chat, surveiller du coin de l'œil, prêt à donner un coup de patte, mais finalement peu désireux de changer l'ordre établi : du moment que ses « hôtes » ne fomentaient pas d'attaques sur son sol, il les laissait libre d'agir à leur guise. Cependant, avec les attentats du 11 septembre, ces mouvements occultes intéressent à présent tous les citoyens du monde libres qui s'étonnent de voir l'Angleterre rester stoïque devant les appels aux meurtres de certains de ses hôtes.

Le gouvernement britannique a donc commencé par amender son *Terrorism Act,* dernière loi en la matière datant de 1973. La nouvelle législation, entrée en vigueur le 1er mars 2001, six mois avant les attentats de New York, a interdit illico vingt et une organisations, et pas des moindres. Le dessus du panier : le djihad islamiste égyptien, le GIA, la Fédération Internationale de la Jeunesse Sikh, le mouvement de libération des tigres Tamoul, le Hezbollah, l'organisation Abou Nidal, les Moudjaïddin iraniens, le PKK et l'ETA. Mais aussi Al-Qaida, le réseau d'Oussama Ben Laden.

À quoi ressemblent les « révolutionnaires » actuels vivant en Angleterre ? Ils sont jeunes, la vingtaine, nés en Grande-Bretagne ou en France, d'origine jamaïcaine, pakistanaise ou nord-africaine. Enfants des classes moyennes, ils ont fréquenté le collège et parfois séjourné en prison pour jeunes délinquants. Nés à Londres ou attirés par la capitale britannique pour son multiculturalisme, ils ont pour nom : Richard Reid ou encore Zacarias Moussaoui. Nés musulmans ou récemment convertis, ces présumés terroristes à la renommée aujourd'hui internationale, se côtoient et se rencontrent dans les faubourgs de Londres.

Vue de loin ou du haut d'un bus à impériale, la cité de Charles Dickens offre l'image, à première vue réconfortante, d'un cosmopolitisme aux couleurs éclatantes. Différentes communautés, Pakistanais de Bricklane, Hindous de Neasden et Wembley, Sikhs de Southgate, Japonais de Colindale, Juifs orthodoxes de Golders Green et de Hendon, Saoudiens de

Les Nouveaux Anglais

Queensway, Jamaïcains de Brixton, cohabitent en toute quiétude. Cette tolérance combinée à des conditions d'asile plus favorables que sur le continent, enfin, une économie en pleine croissance depuis le début des années quatre-vingt-dix, expliquent l'attrait de la capitale britannique pour de jeunes gens encore indécis sur leur avenir.

La plupart s'installent au Sud de la Tamise, dans les quartiers populaires de Londres comme Brixton, Peckham ou Bermondsey, là où les loyers ont grimpé moins vite qu'ailleurs. Comme la majorité des jeunes londoniens, ils vivent à plusieurs dans des appartements souvent délabrés, donc moins chers. Une mosquée, en particulier, les attire. Celle de Brixton, à deux pas du métro. Convivial, ce lieu de culte qui fait également office de centre culturel islamique, niche dans une petite maison victorienne en briques délavées. La communauté qui la fréquente se compose principalement de jeunes convertis, de moins de trente ans pour la plupart. Comme Richard Reid, terroriste à la chaussure piégée du vol Paris-Miami en décembre 2001. Ou comme Zacarias Moussaoui, terroriste présumé impliqué dans les attentats de New-York.

Le jeune délinquant Richard Reid, connu de ses coreligionnaires sous le nom de Abdel Rahim, a 22 ans quand il sort de la prison de Feltham. Nous sommes en 1995. Fraîchement converti, il vient suivre l'enseignement coranique de la mosquée et compte sur les services sociaux pour se réinsérer dans la société. Si le recteur de Brixton se montre clairvoyant et parle un langage modéré, d'autres tiennent un tout autre discours.

La prison de Feltham dans laquelle Richard Reid s'est converti à l'islam n'a pas bonne réputation. Un rapport confidentiel ordonné par les services pénitentiaires et obtenu par le quotidien *The Guardian* au printemps 2000, parle « d'années d'abus racistes ». De quoi provoquer des ravages dans une prison regroupant plus de 700 délinquants âgés de 15 à 21 ans, dont la moitié est d'origine indienne ou afro-caribéenne.

Londonistan

C'est l'avis du recteur de la mosquée de Brixton, Abdoul Haqq Baker, qui voit dans ces « jeunes gens influençables juste sortis de prison et qui se tournent avec espoir vers l'islam, des candidats idéaux pour les extrémistes islamistes de la capitale ».

Ainsi, à onze arrêts de métro de là, au bout de la Victoria Line, la mosquée de Finsbury Park enseigne un tout autre islam. Dans ce quartier défavorisé du Nord de Londres où une boutique sur deux porte des inscriptions en arabe et où les restaurants éthiopiens et nigérians jouxtent les boucheries halal, l'imam Abu Hamzra, vétéran de la guerre contre l'Armée russe en Afghanistan, a prêché jusqu'au printemps 2004 un islam radical. Lieu de rencontre de fidèles de toutes origines, la mosquée de Finsbury Park est soupçonnée d'abriter les agents recruteurs d'Al-Qaida. Ceux-là même qui auraient depuis des lustres, toujours selon Abdoul Haqq Baker, « endoctriné des centaines de jeunes gens faibles » et assoiffés d'aventure.

Comment les spécialistes expliquent-ils l'évolution radicale de ces jeunes gens devenus aujourd'hui terroristes internationaux ? Que se cache-t-il derrière la tolérance à l'anglaise ? Le professeur Anne Phillips de la London School of Economics rappelle que « les partis politiques britanniques laissent à la société civile le soin de résoudre la question du multiculturalisme. Or on ne peut guère parler de tolérance. Les cultures cohabitent mais ne communiquent pas entre elles. S'il existe une législation contre la discrimination raciale, en revanche, aucune politique publique ne tente de trouver des solutions aux problèmes soulevés par la coexistence de toutes ces communautés. Les questions de religion par exemple sont cantonnées à la sphère culturelle. La classe politique britannique se montre très réticente à en faire un enjeu politique. » Jusqu'à très récemment, on peut estimer que l'islam radical était considéré par les services de renseignement britanniques comme relevant du domaine délicat des questions culturelles, au même titre que la pratique des mariages forcés ou des mutilations sexuelles à l'encontre des femmes. Toutes questions dans lesquelles les autorités préféreraient ne pas intervenir.

Dans les années quatre-vingt-dix, l'arrivée de centaines de milliers de jeunes immigrants attirés par l'eldorado trompeur que représentait Londres à l'époque, la misère psychologique ressentie par certains, le prosélytisme de quelques radicaux, allié au laxisme des autorités britanniques concentrées sur le problème du terrorisme irlandais, auraient ainsi donné naissance à un mélange détonnant dont la communauté internationale ne commencerait qu'aujourd'hui à évaluer l'importance.

Margaret Thatcher

Les ravages du temps

Le premier jour du restant de notre vie.
> Titre du *Sun* le lendemain
> de l'élection de Margaret Thatcher,
> le 4 mai 1979.

Où vit la discorde, puissions-nous apporter l'harmonie. Où règne l'erreur et le mensonge, puissions-nous apporter la vérité. Où existe le doute, puissions-nous apporter la foi. Et où sévit le désespoir, puissions-nous apporter l'espoir.
> À son arrivée à Downing Street, Margaret
> Thatcher cite Saint François d'Assise
> le 4 mai 1979.

Nous sommes devenue grand-mère.
> Margaret Thatcher annonce
> au Nous de Majesté qu'elle vient
> de devenir grand-mère, le 4 mars 1989.

Margaret Thatcher a les yeux de Caligula et la bouche de Marilyn Monroe.
> François Mitterrand.

Le thatchérisme était le passage obligé de la modernisation.
> Tony Blair.

Les Nouveaux Anglais

À chaque génération, ses références. Où étiez-vous quand vous avez appris l'assassinat de J.-F. Kennedy ? Que faisiez-vous quand Claude François a changé d'ampoule dans son bain ? On pourrait en rajouter une autre : vous souvenez-vous du jour où Margaret Thatcher a démissionné ?

Je m'en souviens. J'étais en cours d'amphi à la Sorbonne, en licence d'histoire. Jean Tulard nous contait des anecdotes salées sur le couple Joséphine-Napoléon Bonaparte. Je me rappelle notamment une histoire de trou de serrure à laquelle je n'avais rien compris tandis que mes congénères gloussaient, goguenards. Et puis notre professeur s'est absenté un instant. À son retour, il a annoncé : « Margaret Thatcher a démissionné ». Nous étions le 22 novembre 1990, j'avais 18 ans. Nous nous sommes tous regardés pendant quelques secondes puis l'amphithéâtre a tremblé sous les applaudissements et les vivats. Je me souviens avoir pensé : que la démission d'un Premier ministre étranger puisse à ce point faire réagir de jeunes Français, voilà un signe. L'heure est solennelle, un morceau d'histoire va s'écrire devant nous. En un mot, la Dame de Fer a vraiment marqué son temps. Nous ne connaissions pas les dessous de sa démission et la conspiration des dirigeants du parti tory. Tout ce que nous savions c'est qu'elle était partie. Et que nos amis anglais allaient pouvoir enfin respirer. Du moins c'est ce que nous pensions.

"She's gone"[1] était également le titre choisi par l'*Evening Standard*, journal londonien de l'après-midi, pour annoncer la nouvelle. Après onze années au pouvoir, la Dame de Fer, trahie par ses lieutenants, quittait Downing Street, sac à main serré sous le bras et larmes au coin des yeux. Les Britanniques n'ont pas été pléthore à la regretter. À l'annonce de son départ, nombreux ceux qui descendirent au pub fêter l'événement ou improvisèrent une danse sur le macadam de la capitale. En effet, celle qui changea en profon-

---

1. Elle est partie.

deur le pays, sa société, son économie et ses valeurs, n'a pas laissé que de bons souvenirs.

On lui reproche d'avoir ruiné l'économie nationale, laissé le chômage tripler, divisé un peu plus la société britannique en encourageant l'enrichissement de quelques-uns et l'appauvrissement des autres, ruiné les services publics et enfin persisté stupidement dans son hostilité vis-à-vis de l'Europe. Au rang des valeurs nationales, « le sentiment d'entraide recula pour laisser place à l'appât du gain »[1].

En novembre 2000, lors de l'anniversaire de son départ, un Tony Blair légèrement dépité de voir les projecteurs se braquer ailleurs que sur lui déclara : « Je ne renie rien de toutes les choses importantes réalisées dans les années 1980, héritage que nous avons choisi de garder, mais vraiment il serait temps que la politique anglaise se remette de Margaret Thatcher. »

Se remettre d'une telle histoire d'amour et de haine avec Maggie, c'est beaucoup demander. Quand elle annonce son retrait définitif de la vie publique, en mars 2002, voilà une page de la vie du pays que les éditorialistes tentent toujours avec peine de tourner. Frêle et malade, seule, aujourd'hui la Dame de Fer ne ressemble plus à son surnom. Peut-être parce qu'on ne peut plus décemment s'en prendre à elle, et que le temps a passé, ses années de pouvoir sont tout à coup considérées différemment. Plus personne aujourd'hui ne remet en question la force politique de Margaret Thatcher en Grande-Bretagne et à l'étranger. Son influence continue à se faire sentir, au sein des partis conservateur et travailliste du pays. Tony Blair n'a-t-il pas choisi de ne défaire en aucun cas l'héritage Thatcher ? Geste hautement symbolique : au lendemain de sa victoire électorale de 1997, il invite Margaret Thatcher à le conseiller en matière de politique internationale.

Certains commentateurs ont cependant du mal à comprendre l'admiration de Blair pour la Dame de

---

1. Editorial de *The Independent* du 3 mai 1999.

Les Nouveaux Anglais

Fer. Comme Jeremy Harding[1] : « Quand Tony Blair parle des bonnes choses réalisées du temps de l'administration Thatcher, nous devrions tous nous souvenir qu'en vérité, il n'y en a pas eu une seule. Pas l'ombre d'une bonne chose. Et il n'y a rien de disproportionné dans le mépris où la tiennent la plupart des gens de conscience et d'intégrité (…) La seule bonne chose à avoir émergé des années Thatcher est le combat livré contre elle. »

C'est sans doute ce que pensait Paul Kelleher quand il a décapité la statue en marbre de Thatcher que Westminster s'apprêtait à installer dans son hall d'entrée. La statue de Margaret ? Un chef-d'œuvre de délicatesse qui pèse plus de deux tonnes, mesure quatre mètres de haut et a coûté près de 85 000 euros à un comité de parlementaires britanniques, irréductibles admirateurs de la Dame de Fer. Elle représente la baronne, son célèbre petit sac à la main. Au début, la statue pose de sérieux problèmes diplomatiques. C'est simple, personne n'en veut. La National Portrait Gallery refuse de l'accueillir : « trop dominatrice ». Même jugement à la Chambre des communes qui rappelle un précieux décret : elle n'a pas le droit d'ériger, en son sein, la statue d'un ancien Premier ministre avant le cinquième anniversaire de sa mort. Les groupies de Margaret jettent alors leur dévolu sur le hall d'entrée des bureaux des parlementaires. Toujours non. Le plancher ne serait pas capable de soutenir « une telle œuvre ». La statue risque en effet de le traverser pour atterrir sur le quai de la station de métro de Westminster. Finalement, après la décapitation et la condamnation du bourreau à trois mois de prison avec sursis, la tête de marbre de retour sur ses épaules, les parlementaires se mettent d'accord pour voter une « exception exceptionnelle » à Maggie. Sa statue devrait bientôt accueillir les représentants de la nation. Un bel hommage.

---

1. Dans *The Guardian*, 25 novembre 2000.

Marks & Spencer

Le commencement de la fin

Marks & Spencer est l'une des plus grandes marques au monde.
>Luc Vandevelde, nouveau directeur
>de Marks & Spencer, janvier 2000.

Jeunes parisiens des années quatre-vingt, vous rappelez-vous le premier magasin Marks & Spencer boulevard Haussmann, en face des Galeries Lafayette ? Souvenirs indélébiles du rayon alimentation et de ses tartelettes aux pommes ou aux fruits rouges, aussitôt avalées, sans être réchauffées, dans le bus du retour. Sans parler de la *custard* du jour servi en carton au rayon frais. Sans oublier les petits pots de *Coleslaw*, *Tzatziki*, *Houmous*, tous ces délices exotiques, vestiges culinaires d'un Empire sur lequel le Soleil ne se couchait jamais.

Marks & Spencer, ces deux mots personnifiaient une société solide, un symbole britannique. Ils évoquaient une belle histoire, véritable *success story* : celle de la rencontre, en 1884, entre un réfugié russe, Michael Marks, épicier sur un marché à Leeds, et Tom Spencer, caissier d'un magasin d'alimentation. Personne n'aurait pu imaginer que leur beau bateau pourrait sombrer un jour.

Après dix ans d'amitié, les deux hommes s'associent. Leur petite affaire grossit lentement mais sûrement. En 1926, les voici à la tête d'une véritable PME.

Les Nouveaux Anglais

Deux ans plus tard, ils lancent leur propre marque, St Michael. Enfin, en 1930, un énorme magasin Marks & Spencer ouvre ses portes à Marble Arch, à côté du prestigieux Selfridge's, au cœur de la capitale. 1975, c'est l'aventure internationale avec l'ouverture d'un magasin à Paris et à Bruxelles. Rien n'arrêtera la marque populaire british, synonyme de qualité et de bon goût, loin de tous les excès.

L'heure est à l'expansion tous azimuts. Marks & Spencer se met à racheter d'autres marques dans le monde entier, Brooks Brothers, Kings Super Markets aux États-Unis, la chaîne Littlewoods en Grande-Bretagne. Mais patatras, le conte de fées tourne court. En octobre 1998, les analystes sentent le vent tourner. Marks & Spencer annonce ses premières pertes sèches. Depuis, on connaît l'histoire : la fermeture des magasins étrangers, 4 400 employés à la rue, et le déclin, inexorable, de la marque.

Pourtant, depuis 1998, les directeurs se sont succédé à la tête de la société et ont essayé de relancer l'image de la marque. Ils ont engagé des stylistes dans le vent comme Katharine Hamnett, Betty Jackson et Julien Macdonald pour donner un coup de jeune à leurs lignes de vêtements. Ils ont misé des fortunes sur des opérations de communication de grande envergure. David Beckham, l'incontournable star du ballon rond, a vendu son image pour lancer une collection de vêtements pour enfants. Une ligne de lingerie *osé*[1] a même été inaugurée. Les mannequins des publicités Marks & Spencer ont toutes fondu de 15 ans et 15 kg. Au revoir coquettes quadras légèrement potelées. Mais rien à faire, Marks & Spencer plonge chaque année un peu plus dans le rouge. Le cours de l'action a perdu en 5 ans plus de 50 % de sa valeur.

Mais pourquoi diable St Michael ne réussit-il pas à renouveler son image, comme par exemple l'a fait Petit Bateau ? En proposant une collection de vêtements calqués sur les nouveaux comportements, cette ancêtre

---

1. En français dans le texte. Comprenez sophistiquée et coquine.

de la maille est passé du *look* coton hippy au must sexy incontournable de la mode ado et même adulte.

Comble de malheur, chez les malheureux Marks & Spencer, vêtements et accessoires de maison commencent à entraîner dans leur chute le rayon alimentation, jusque-là bouée de survie pour tout le groupe. Les tartelettes ne rapportent plus. Il faut dire que l'enfant des années 1980 est maintenant soit obèse, soit soucieux de son poids. Dans les deux cas les fameux biscuits et autres douceurs Marks & Spencer lui sont désormais interdits.

Dernières cartouches : l'entreprise vend ce qu'elle a acheté à prix d'or dans les années quatre-vingt, chaînes de vêtements et de supermarchés aux États-Unis pour « se reconcentrer sur la Grande-Bretagne et les Britanniques ». Mais rien n'y fait. Pendant que ses concurrents (Tesco, Next, John Lewis, Waitrose) annoncent des chiffres d'affaires en hausse, Marks & Spencer continue à péricliter. La fameuse marque connaîtra-t-elle le même destin qu'une autre grande dame du commerce de détail avant elle, Woolworth's, référence de nos grands-mères anglophiles ? C'est à craindre.

Quand on sait que la marque Asda a désormais délogé Marks & Spencer en tête des plus grosses chaînes de commerce au détail, on se dit que les jours sont comptés avant qu'une OPA hostile en finisse avec ce symbole de la vie anglaise : des produits pratiques, utiles, solides. À moins, à moins que les dix derniers millions de consommateurs fidèles de Marks & Spencer décident du contraire et aident les dirigeants de la firme à livrer une dernière bataille pour la sauvegarde de ce symbole national. *God save Marks & Spencer !*

No sex please, we're British[1]

La schizophrénie sexuelle de nos voisins

Les relations sexuelles ont commencé en 1963
(ce qui s'avéra assez tard pour moi)
Entre la levée de l'interdiction de Lady Chatterley
Et le premier album des Beatles.
                              Philip Larkin, poète.

La peur de l'intimité, de nous retrouver face à l'autre, serait-elle la raison pour laquelle nous nous saoulons dès que nous le pouvons ?
                              Editorial de The Observer.

Pour les femmes fascinantes, le sexe est un défi ; pour les autres, ce n'est guère qu'une défense.
                              Oscar Wilde.

Soyons charitables et mettons-nous à la place de nos pauvres amis britanniques. Comment voulez-vous qu'ils n'aient pas un (gros) problème avec le sexe lorsque :
– leur marchand de journaux étale tous les matins sous leur nez les unes des tabloïds couvertes de gros plans de seins et de fesses siliconées, véritables tue-l'amour sans une once d'érotisme ;
– une loi de leur pays a libéralisé la sodomie entre adultes consentants mais continue à l'interdire... entre femmes d'Irlande du Nord ;

---
[1]. Pas de sexe s'il vous plaît, nous sommes Britanniques.

– il existait jusqu'en 1996 un « bal annuel de charité des maniaques du sexe » ;
– le bureau de censure du cinéma fait couper toute image montrant un pénis en érection ;
– le Kama Sutra était interdit à la vente jusqu'en 1963 ;
– les 1 500 magasins de la chaîne Ann Summers (Marks & Spencer du *sex toy* pour couples aventureux) vendent un million de godemichets par an[1] ;
– le ministre de l'Intérieur de Tony Blair, célibataire, a dévoilé à la presse sa relation passionnée avec une femme mariée, mère de famille, dans le but de la faire divorcer de son mari et de l'épouser.

Comment, dans ces conditions, ne pas devenir totalement marteau et un brin schizophrène ?

En fait, du sexe, les Britanniques n'ont appris qu'à en rire. À le tourner en dérision à la moindre occasion. Impossible pour eux de le considérer sérieusement. Il leur fait peur. Donc les obsède. Le sexe, ce sujet d'embarras national, est partout omniprésent, par exemple dans la tenue et l'attitude souvent provocatrice des Anglaises. Mais pas question d'en parler.

Et l'amour dans tout ça ? Bonne question. En Grande-Bretagne, le sexe semble avoir été dissocié du sentiment d'amour. Il est devenu un exercice comme le yoga ou le jogging : il y a les accros, les initiés et les autres. Les premiers parlent de performance, les derniers se contentent de savourer et commenter les frasques extra-conjugales des vedettes du petit écran s'étalant à la une des journaux de la presse Murdoch.

À la télévision, du sexe, on en rit encore. Comme dans la série légendaire des *Carry On*, dans les années soixante et soixante-dix. *Carry On* met en scène, dans des situations et intrigues diverses, toujours les mêmes personnages : Kenneth Williams joue l'homosexuel efféminé et refoulé, Sid James interprète le don Juan de pacotille au rire gras et Barbara Windsor campe la

---

1. En 2003, 150 000 « Rampant rabbit » défectueux, autrement dit lapin rampant, nom du vibrateur le plus populaire vendu par Ann Summers, ont été retirés de la vente, une « mesure d'intérêt public ».

No sex please, we're British

bimbo stupide. Au même moment, la série *Benny Hill* montre un Anglais gras, pourchassé en permanence par de jolies filles à demi-nues. Ah ah.

En 1971, en pleine période pourtant de permissivité, naît l'expression célèbre, *No Sex please, we're British*. Elle colle depuis à la peau de nos chers voisins. Remontons à la source. En 1971 donc, une comédie musicale arborant ce titre en forme de recommandation, débarque dans le West End. Et y reste seize ans. Ce succès phénoménal raconte l'histoire d'un employé, Brian Runnicles, qui, un beau jour, découvre dans le courrier de sa banque une boîte remplie de paquets de cartes postales olé olé. Brian essaie de s'en débarrasser hors de la vue de son patron, puritain de la pire espèce. Mais les paquets continuent à arriver. Brian ne sait plus à quel saint se vouer. Son comportement étrange attire l'attention d'un couple de jeunes mariés, de leur belle-mère habitant au-dessus de l'établissement, enfin du policier du quartier. Une cascade d'aventures pourra se résumer en *No Sex please, we are British*.

Pourtant, une pétition nationale, lancée en 1998 par la Coalition pour la Liberté Sexuelle, revendique haut et fort exactement le contraire : *Sex Please, we're British* ! Cette coalition d'activistes milite en fait pour l'annulation pure et simple d'une loi toujours en vigueur même si quasiment jamais appliquée. Celle-ci interdit toute correspondance amoureuse par lettre ou par téléphone, même entre adultes consentants, toute relation sado-masochiste entre adultes consentants, toute importation de livres, magazines et vidéos érotiques ou pornographiques, toute partie de plaisir homosexuelle de plus de deux personnes, sans oublier, toute représentation d'une érection sur grand écran.[1]

Sex, please or *no Sex*, l'Anglais semble éternellement tiraillé entre ces deux extrêmes.

---

1. D'ailleurs, ce n'est qu'en 2001 que *L'Empire des Sens* de Nagisa Oshima a pu enfin être projeté pour la première fois dans son intégralité en Grande-Bretagne. Jusqu'alors, la fameuse scène de castration avait, hé oui, été montrée coupée.

Petmania

Jusqu'où ira leur passion pour les animaux ?

Si vous évitez l'eau du robinet et buvez de l'eau minérale en bouteille... ne devriez-vous pas traiter votre animal domestique de la même façon ?[1]

Bill Fells, directeur de PetRefresh.

Ils sont complètement gagas, les Anglais, avec leurs *pets*[2], leurs amis à quatre pattes, à poils, plumes et écailles. On les a toujours connus comme ça mais ça ne s'arrange pas avec le temps. Tour d'horizon d'un phénomène qui croît et embellit avec les progrès de la technologie.

Les Anglais sont tout d'abord les maîtres du sauvetage d'animaux. Il n'est pas rare que toutes les forces de police d'une ville ou même d'une région se mobilisent pour aller sauver un chien ou un chat de la noyade, d'une chute mortelle ou du suicide, paniqué sur le toit d'une maison ou coincé en haut d'un arbre.

Combien de fois aussi a-t-on vu des hordes de défenseurs des animaux affronter violemment les forces de l'ordre aux alentours de centres de recherche médicale et scientifique pratiquant la vivi-

---
1. Argument de vente de Bill Fells, créateur de PetRefresh, eau minérale spécial *pet*.
2. Animaux domestiques ou apprivoisés.

Les Nouveaux Anglais

section ? En septembre 2004, l'université d'Oxford a dû arrêter la construction d'un centre de recherche scientifique à la suite du retrait d'un de ses plus gros investisseurs, effrayé par la violence de ces farouches *animal right activists*[1].

L'amour démesuré des Anglais pour leurs *pets* présente heureusement des aspects frivoles plus amusants. Ainsi, la marque américaine bien nommée, PetRefresh, distribuée par la firme écossaise Scot Pet Foods, a commercialisé à l'automne 2004 en Grande-Bretagne la première eau minérale spécial *pets*. Conçues exclusivement pour chiens, chats, hamsters, canaris, serpents et lézards domestiques, 100 000 bouteilles ont été commandées en seulement quelques semaines en prévision d'un raz-de-marée des consommateurs ou plutôt de leur maître. L'eau minérale, « sans additif chimique », se décline en plusieurs parfums : entre autres, poulet, persil ou encore, maquereau (spécial chat). À 8 euros les deux litres, PetRefresh promet de « combattre l'haleine parfois fétide de nos chers amis rampants ou sur pattes ». Trop cher ? Pas du tout, si l'on considère le budget annuel dépensé par les Britanniques pour leurs petits compagnons : plus de 3,5 milliards de livres sterling (soit 5 milliards d'euros) selon l'institut de statistiques Mintel. À titre d'exemple, à Noël, le budget cadeau moyen avoisine les 30 euros par *pet*.

Ces chers *pets* ont du mal à l'âme ? Pas de problème. Désormais, ils disposent à Londres de classes de yoga pour maîtres et chiens (ou chats). Objectif : calmer les agités. Il s'agit de « faire respirer les animaux et leurs maîtres de façon synchrone ». Les mêmes, en quête de l'harmonie ultime, peuvent partager leurs toilettes avec leur chat. Le *Feline Evolution Catseat* s'adapte parfaitement à la lunette des toilettes : plus de litière ni d'odeur désagréable.

Quand la peur les saisit de perdre leur meilleur ami, les Anglais peuvent faire appel aux services du

---
1. Défenseurs des droits des animaux.

Petmania

Missing Pet Bureau, autrement dit du Bureau des *Pets* égarés. Pour prévenir la catastrophe, fugue ou enlèvement, on implante à l'animal une puce (électronique, naturellement) portant les coordonnées de son maître.

Afin que leurs chers compagnons ne soient pas tentés de prendre la tangente, la BBC, au mois de mai 2004, a proposé à ses téléspectateurs d'installer leurs *pets* devant l'écran pour regarder des programmes conçus tout spécialement pour eux. Pendant une semaine, la série *Test your pet* consistait « à mesurer leur intelligence et leur qualité d'écoute ». Présentées par une vedette du petit écran, l'Australien Rolf Harris, ces émissions « pédagogiques et scientifiques », bénéficiaient du concours de Tim Guilford, professeur d'Oxford et expert en comportement animal.

Fin août, le très sérieux *Daily Telegraph*, ouvrait ses colonnes d'annonces de décès aux petits disparus. Coût de l'opération : 25 euros la ligne. Même tarif que pour les humains. Franc succès pour ce nouveau service.

Pour illustrer cette petomania collective, peut-être se souviendra-t-on d'une des seules fois où Buckingham Palace est sorti de sa réserve légendaire. C'était à Noël 2003. *The Sun* fait sa une sur un fait divers sanglant touchant la famille royale. Un porte-parole des Windsor déclare que la reine Elizabeth est « effondrée », sa fille, la princesse Anne, « bouleversée », et tout le palais « accablé ». Le drame s'est déroulé ainsi : quand le majordome a ouvert la portière de la Bentley royale amenant la princesse Anne, Dottie, son bull terrier, a foncé sur Pharos, le corgi préféré de la Reine. Au lieu de lui faire fête, Dottie, saisie par un accès de folie, a attaqué le corgi, le dévorant à moitié. Pharos, placé en soins intensifs, a survécu quelques heures à ses blessures mais les vétérinaires ont dû le piquer dans la nuit.

Il serait trop facile, et vraiment peu fair play, de suggérer qu'un certain malaise relationnel, soulagé par une sérieuse consommation d'alcool, pousse nos chers voisins vers des êtres avec lesquels la communication demeure des plus basiques. Serait-il plus simple d'aimer un chien qu'un être humain ? Grande question métaphysique. Ou bien faut-il mettre sur le compte de leur amour pour la nature celui qu'ils réservent à leur *pet* ?

La vérité se trouve peut-être à mi-chemin. Bien difficile d'avoir des certitudes dans le domaine de la passion.

Proms

L'amour fou des Anglais pour la musique

Règne, Britannia ! Règne sur les mers
Britanniques jamais ne seront esclaves.
> Refrain de *Rule Britannia*, repris en chœur lors de la dernière soirée des Proms.

Jamais je ne cesserai le combat
Jamais mon épée ne se reposera
Tant que Jérusalem ne s'élèvera
Sur les terres belles et vertes d'Angleterre.
> Dernier verset de *Jerusalem*, repris en chœur lors de la dernière soirée des Proms.

Ça fait 110 ans que ça dure et ce n'est pas prêt de finir. Grâce aux Proms se cache chez tout Anglais un mélomane acharné. Pour preuve, ce diminutif affectueux donné par les Anglais, *Proms*, aux concerts-promenades organisés chaque été au Royal Albert Hall de Londres et diffusés en direct à la télévision et à la radio. Les Proms, à la fois laboratoire expérimental et antre du classicisme. Une utopie qui marche.

Depuis 1895, ils n'ont qu'un but et pas le moindre : présenter au public le plus large possible, la plus grande sélection de musique interprétée par les plus grands musiciens et orchestres du monde. Pendant plus de deux mois, plusieurs fois par jour, les Proms

Les Nouveaux Anglais

s'offrent à un public de mélomanes ou de simples curieux, de toutes nationalités, tous âges et horizons confondus. Chaque jour, les plus vaillants font la queue autour du Royal Albert Hall, parfois dès l'aube, pour obtenir l'une des 1 400 places vendues quotidiennement pour la modique somme de 4 livres sterling (soit environ 5 euros). Seul inconvénient, il s'agit de places pour l'arène, autrement dit de places debout. À l'origine, les mélomanes pouvaient se « promener », debout, tout en écoutant la musique, aujourd'hui, ils doivent rester en place. Peu importe, cela fait partie du jeu, de l'atmosphère boy-scout des Proms.

À la fin du XIXe siècle, un impresario inventif, Robert Newman, a l'idée d'éduquer le goût musical des Londoniens sans les effaroucher. Permission est donnée au public de manger, boire et fumer pendant les concerts, à condition toutefois de ne pas frotter d'allumettes pendant les parties chantées. Pour un shilling par concert ou une guinée pour toute la saison, le néophyte se familiarise avec des morceaux jugés faciles, extraits d'opéras populaires, puis graduellement, au fur et à mesure que son oreille s'habitue à des sonorités moins harmonieuses, Henry Wood, chef d'orchestre-manager des Proms, introduit dans son programme des compositions inédites plus sophistiquées signées Richard Strauss, Debussy, Rakhmaninov, Ravel ou encore Vaughan Williams.

Pendant la Première Guerre mondiale, allant contre les sentiments du public, Henry Wood refuse de déprogrammer les concerts de compositeurs et artistes allemands affirmant : « la grande musique appartient à tous et transcende les aléas de l'histoire. » Mais les fonds viennent à manquer. La faillite menace. La BBC reprend alors les Proms à son compte. Chaque concert, retransmis à la radio, donne à l'événement une renommée nationale puis internationale. Seule une bombe de la Luftwaffe abrège la saison des Proms en 1941.

Durant les années soixante, les Proms s'ouvrent au monde et reçoivent la visite des meilleurs orchestres du monde et de leurs chefs : Georg Solti, Leopold Stokowski, Carlo Maria Giulini ainsi que les orchestres des radios de Moscou et de Varsovie, invités à se produire. Les Proms deviennent une référence internationale. Le nombre de nouvelles compositions commandées tout spécialement pour l'événement double. Jazz, gospel et musique électro-acoustique font leur entrée dans le répertoire. Les plus grands musiciens et ensembles se doivent de passer par les Proms. Le 16 août 2004, le grand pianiste Alfred Brendel choisit de donner son dernier concert, diffusé en direct sur les ondes de la BBC, au Royal Albert Hall. Il interprète le concerto de l'Empereur de Beethoven, celui-là même qu'il interprétait lors de son premier concert aux Proms en 1973.

Autre particularité de cet événement estival, il baigne dans la bonne humeur et l'humour. Avec une élégance qui leur est propre, les Britanniques jugent prétentieux de se cultiver pour se cultiver. Ainsi, ils assistent aux Proms pour s'amuser et non pour apprendre, toute leur attitude en témoigne. Ils veulent en fait se cultiver sans se l'avouer. Lors de cette série de concerts, une tradition consiste à faire des blagues aux musiciens qui, à leur tour, en font au public. Sûrement un des secrets du succès des Proms et de leur longévité.

Ainsi, au mois d'août 2003, lors d'une soirée consacrée à la musique de films britanniques, un récitant nous apprend qu'une suite est extraite d'un film de 1954, *The Belles of St Trinian's* réalisé par Frank Launder. L'histoire se passe dans un pensionnat de jeunes filles chahuteuses, en révolte contre leurs maîtres. Les deux pianistes du BBC Orchestra arrivent sur scène en culottes courtes et casquettes de collégiens tandis que le chef d'orchestre Rumon Gamba les suit, haletant, en cape noire de maître d'école anglais. À chaque mimique insolente des pianistes, Gamba leur tape sur les doigts avec sa baguette. Au moment où les percussionnistes s'apprêtent à jouer leur partition, ils coiffent des cano-

Les Nouveaux Anglais

tiers à nattes et jouent en se dandinant. Le public adore et en redemande.

Il faut cependant attendre la dernière soirée des Proms, la célèbre *Last night of the Proms*, pour voir la folie embraser le Royal Albert Hall. Le nationalisme le plus loufoque est autorisé à s'exprimer sans retenue. Une foule de mélomanes hilares se presse dans l'arène, petites grands-mères drapées dans l'Union Jack, grosses dames en casques de Huns, bouclier et lance à la main, touristes se prêtant au jeu déguisés en gardes de la Tour de Londres, jupette rouge et chapeau de fourrure, jeunes gens arborant des chapeaux géants aux couleurs britanniques. Tous ont un drapeau à la main. On se croirait à la finale de la coupe du monde de football où l'Angleterre rencontrerait le champion en titre. Les langues de belle-mère résonnent entre chaque morceau, ils sont là pour s'amuser et crier leur amour de la patrie.

Retransmise en direct à la télévision dans le monde entier par la BBC et, depuis 1996, sur un écran géant à Hyde Park, Belfast, Swansea, Manchester et Glasgow, la soirée offre un programme à la hauteur de l'événement. Un chef d'orchestre prestigieux et des solistes, musiciens et chanteurs de renommée mondiale, comme Anne-Sophie Mutter, Leila Josefowicz, Felicity Lott, Angela Gheorghiu, Roberto Alagna et bien d'autres encore, interprètent la première partie du programme. Seule la seconde reste inchangée depuis une centaine d'années : la marche d'Elgar, *Land of Hope and Glory,* des airs à la gloire de l'Empire britannique signés Henry Wood. Enfin arrive l'apothéose, le public se lève comme un seul homme, la main sur le cœur, au son de *Rule Britannia* et *Jerusalem*. Des milliers de petits drapeaux britanniques ondulent en cadence, une vague nationaliste et bon enfant déferle sur la Grande-Bretagne. *God Save the Queen !*

Pubs[1]

La fin d'un mythe

Un alcoolique est une personne que vous n'aimez pas et qui boit autant que vous.
       Dylan Thomas, poète.

L'alcool est l'anesthésie qui vous permet d'endurer l'opération de la vie.
       George Bernard Shaw, dramaturge.

Quand j'ai lu les horreurs qu'entraînait l'abus d'alcool, j'ai décidé d'arrêter de lire.
       Henry Yougman, comique.

Rendez-vous sous la table.
       Toast traditionnel anglais.

Vous vous souvenez avec nostalgie du dernier pub rustique et chaleureux dans lequel vous avez descendu une pinte de *stout*[2] lors d'un récent séjour en Écosse, à Belfast, dans un village d'Oxfordshire ou dans le quartier de Camden Town à Londres. Il s'appelait le *Duke of Wellington, Elephant and Castle,* ou *The Crown.* Vous vous dites que, vraiment, ces haut-lieux

---

1. Diminutif de *Public House.*
2. Bière brune à haute fermentation, contenant du malt grillé. De couleur très foncée, presque noire et de saveur amère.

Les Nouveaux Anglais

de la convivialité britannique, sont de véritables trésors que l'on devrait inscrire au patrimoine de l'UNESCO. Ah, ces pubs, tous différents, qui sentent la bière et les chips au vinaigre, où, au fond de la salle, un groupe de quinquagénaires rondouillards jouent aux fléchettes, tandis qu'au comptoir, des habitués commentent avec le patron les derniers résultats de cricket. Ah, ces lieux *cosy* et chauds qui vous plongent dans l'Angleterre de Dickens et vous réchauffent l'âme les jours de froid et de pluie. Au fait, où sont-ils donc ?

Oui, où ? Vous pouvez encadrer vos souvenirs, car ils sont déjà morts. Tout comme nos cafés qui, les uns après les autres, disparaissent tranquillement un peu plus chaque année sans que nous nous en affolions, les pubs s'effacent des paysages de Grande-Bretagne. Et ceux qui restent se métamorphosent insensiblement. Le pub indépendant, possédé et dirigé par le patron, n'existe plus. Depuis des décennies, les *publicans*[1] ont en effet dû vendre leur établissement sous la pression des crocodiles de la haute finance toujours à l'affût de marchés juteux. Aujourd'hui, les 60 000 pubs du pays appartiennent en fait à une poignée de groupes financiers qui se les repassent de mains en mains.

Ainsi en 2002, la banque japonaise Normura, jusque-là l'un des leaders du « marché », cédait son parc de 4 189 pubs à un consortium composé de Cinven et Enterprise Inns. Aujourd'hui, Enterprise Inns domine le marché, onze ans seulement après sa création. Ce qui signifie tout simplement que la très grande majorité des pubs du pays sont devenus des franchises, à l'instar des chaînes de magasins comme H&M ou des *fast-food* comme MacDo. On ne s'en rend pas compte immédiatement car beaucoup de pubs ont pu garder leur apparence pittoresque et leur nom si particuliers. Ceci dit, arrivé au comptoir pour commander un sandwich ou même une tranche de

---

1. Patrons de pubs.

Pubs

rosbeef, on commence à avoir des doutes. La soupe prétendue *home made* n'a pas été amoureusement préparée le matin même par la patronne. Elle sort directement du congélateur après un passage minute au micro-ondes. Idem pour le sandwich, les frites et le rosbeef. Car les pubs franchisés n'ont pas le choix : ils reçoivent chaque matin leurs provisions surgelées. Le menu a été composé, calculette en main, quelque part dans les bureaux d'une multinationale à Tokyo ou Baltimore.

Deuxième point, les pubs traditionnels, même franchisés, se sont rapidement vus remplacer par des chaînes de « pubs-bars à vin », dès la moitié des années 1990. Les Britanniques, ou devrais-je dire les 25-45 ans branchés des grandes villes du pays, ont semble-t-il découvert le vin et, petit à petit, préféré la cuite au chardonnay plutôt qu'à la Guinness. Une petite révolution. Les bénéficiaires : les vins dits du Nouveau Monde, forts, fruités, au goût prononcé de chêne et de vanille, qui vous bluffent dès la première gorgée (et vous laissent tomber dès la deuxième). Vous espériez secrètement que les Britanniques allaient continuer malgré tout à apprécier le vin français. Raté.

Enfin, toujours au milieu des années 1990, une petite frange de pubs s'est intitulée *gastro-pubs*. A priori, plutôt une bonne nouvelle. Cette appellation fait référence à une nouvelle génération d'établissements où vous pouvez prendre un repas décent, avec un vrai chef en cuisine, et pas seulement un *barman* débordé, dansant la gigue autour du micro-ondes et du congélateur. Le mauvais côté de cette évolution : seule une petite catégorie bien distincte de la population fréquente ces lieux, la jeunesse dorée. Vous n'y verrez jamais les papys et mamies du quartier boire leur sherry ou les ouvriers y descendre une pinte. *Gastro-pubs, ghetto-pubs*.

En novembre 2004, les habitués du Whitelock's à Leeds, pub vieux de 300 ans, ont appelé à la résistance et « à la rébellion des vieux cons de tout âge » pour sauver l'institution des griffes de son futur propriétaire, le groupe Spirit. Celui-ci a en effet lancé une campagne marketing auprès de ses 2 400 pubs. Dans sa brochure, il résume ainsi son objectif : attirer deux types de clients, les jeunes conducteurs de BMW, et ceux qui boivent du pinot Grigio. Tout est dit.

Queueing

De l'art de faire la queue

Sauter la file d'attente n'est pas permis et ne sera pas toléré.
Pancarte vue à Wimbledon.

Dans l'art de faire la queue, la Grande-Bretagne arrive de loin la première, haut la main devant les autres nations du monde. Peut-être parce que les autres ne font pas la queue.
Guy Browning.

Les sauteurs de queue représentent la lie de l'humanité : ils portent offense à notre sens profond du fair play.
Guy Browning.

Prenez Wimbledon par exemple. On y pratique la queue comme un sport national au même titre que le tennis. Les gens y viennent, équipés, prêts à attendre toute la nuit. La file commence aux portes du complexe sportif et se déroule élégamment le long de Church Road avant de tourner vers le parc de Wimbledon. Tels des arbitres de jeu, des *stewards* veillent à une avancée régulière et vous accueillent d'un retentissant : « Bienvenue au bout de la queue. » Les spectateurs vétérans vous glissent à l'oreille, tout fiers : « I've queued at Wimbledon since 1967 ! »[1]

---
1. Je fais la queue à Wimbledon depuis 1967 !

Les Nouveaux Anglais

Dans tout le pays, règne le même sentiment : faire la queue est un devoir et un plaisir. Il existe d'ailleurs un savoir-vivre de la file à l'anglaise. Guy Browning[1] nous explique comment se comporter : « Pour prendre place dans une file d'attente, il est nécessaire d'évaluer très précisément les distances. Si vous êtes dans une longue file, vous devez tous regarder dans la même direction. Il est vraiment inconvenant de vous retourner, cela équivaudrait à une violation de la vie privée. Si les gens n'ont pas vue sur votre nuque, ils ne sauront pas qu'ils sont dans la queue. Vous savez ma bonne dame, si nos gars à Dunkerque n'avaient pas tous regardé dans la même direction, on y serait toujours ! »

Pas de doute, en Grande-Bretagne, faire la queue est une activité qui requiert talent, compétence, dignité et sérieux. À tel point que la police du Devon et de Cornouailles a lancé durant l'été 2002 l'opération Columbus dont le but consistait à éduquer les étudiants européens à l'art de la queue. Une courtoise invitation sous formes de posters *"Be polite, join the queue"*[2] avait peine à cacher l'ire des Britanniques à l'égard du satané irrespect des continentaux pour leur passe-temps national. Ah, ces étrangers (comprenez Français), sempiternels trouble-queues ! L'opération Columbus fournissait le guide du parfait candidat à la file, il recommandait également aux adolescents « continentaux » en voyage linguistique de ne pas voler, faire du bruit, jeter des ordures dans la rue ou encore porter des armes. Les jeunes Anglais ne font rien de tout ça, c'est bien connu.

Le rite de la queue occupe une telle place dans la vie sociale anglaise, qu'il fait le sujet de mémoires de thèses et de recherches universitaires. David Stewart-David, enseignant à l'université de Northumbria, spécialiste des transports, a mené une enquête des plus sérieuses sur l'avenir de la queue à l'anglaise. Ses

---

1. Dans *The Guardian*, 17 juin 2000.
2. « Soyez poli, faites la queue ! »

conclusions s'avèrent pessimistes. Pour comprendre l'avenir, faisons un saut dans le passé.

Le mythe de la file anglaise, impeccable et courtoise, est né tout d'abord avec le rationnement des temps de guerre. Le gouvernement, en jouant sur les symboles, a anobli la longue file d'attente. Elle devenait une épreuve d'obéissance civile et de force morale. Puis, l'avènement de la société de consommation a sérieusement usé la patience des consommateurs pour qui le *shopping* ne représentait plus une nécessité mais un plaisir, voire un *hobby*.

Pourtant, le sujet fait toujours recette. Il a même ses fans qui l'observent, le dissèquent et le commentent. Grâce à leurs patients travaux, on sait tout sur la queue. On apprend par exemple, que l'adulte moyen passe 23 jours par an à la faire. On découvre également qu'il existe un plaisir indicible à attendre son tour, car il se crée une sorte de camaraderie solidaire « comme à Verdun ». Choisir de passer la nuit devant les portes de Harrods la veille du début des soldes tiendrait ainsi de l'héroïsme.

Le phénomène se teinte alors d'une excentricité pathologique : faire la queue devient en soi une fête plus importante que son objet ! Il en est ainsi à Wimbledon où les fanatiques de tennis peuvent coucher à la dure trois jours et trois nuits pour obtenir des places en huitième de finale ! On se trouve alors face au principe de sélection darwinienne. Seuls les plus forts ne craquent pas. D'où une fraternisation dans la douleur. La vraie victoire est d'avoir tenu jusqu'au bout, du début à l'arrivée de la queue. La suite, finalement, importe peu. On peut se demander si ces champions de la queue utilisent réellement leur ticket.

Évidemment, comme toujours, des grincheux déplorent la mort de l'art de la file. « Nous ne faisons plus la queue comme il faut » se lamente Paul Howlett dans *The Guardian*[1]. « Autrefois, nous attendions le bus en une seule file impeccablement alignée, même

---

1. Le 2 juillet 2003.

Les Nouveaux Anglais

s'il s'agissait de monter dans trois bus différents. Aujourd'hui, cette même file est devenue une cohue qui fond sur le bus comme des Apaches sur un wagon de marchandises à l'époque du Far West. »

Honni soit qui mal y file.

Shakespeare

Une valeur sûre

Les complexités que l'on trouve dans une série télé comme Dallas *ont leur origine dans Shakespeare. Les histoires de* Roméo et Juliette *ou* Comme il vous plaira *sont exploitées tous les jours dans les feuilletons télé.*

Kate McLuskie, professeur,
dans une interview à *The Guardian*,
5 octobre 2004.

C'est l'attrape-mouches par excellence, le monument sur lequel chacun vient graver ses initiales, et les chiens lever la patte. C'est aussi l'un des plus grands mystères de l'Histoire. Son génie, à nul autre pareil, attire les plus grands, les plus monstrueux qui ont voulu se mesurer à lui, comme Orson Welles et Laurence Olivier. Qui est-ce ?

Shakespeare. William de son prénom.

Pour les Français, Shakespeare c'est comme Buckingham Palace, une étape obligée dans la découverte de la Grande-Bretagne. Qui n'a pas visité la maison d'enfance de Shakespeare à Straford-upon-Avon lors d'un voyage linguistique ? Levez la main. Nous y sommes tous passés. Et nous nous rappelons parfaitement être arrivés ainsi devant une modeste demeure au toit de chaume et murs ripolinés, pelouse et parterre de fleurs impeccables. Quel bon état de conservation pour une maison qui date des années 1560 ! Avant de partir, nous n'avons pas oublié d'acheter le *mug* portant l'effigie si célèbre du barde. Enfin, celle qu'on lui prête.

Heureusement, un peu plus âgés, nous avons plongé la tête la première dans ses tragédies *Roméo et Juliette, Hamlet, Othello, Macbeth, Le Roi Lear, Jules César* traduits merveilleusement bien par nos poètes Yves Bonnefoy et Pierre-Jean Jouve. Au théâtre, à la télévision et au cinéma, nous avons découvert ses comédies comme la *Comédie des Erreurs, Deux gentilshommes de Vérone, La Mégère apprivoisée, Songe d'une nuit d'été, Comme il vous plaira* et ses pièces historiques *Coriolan, Richard II, Richard III, Henry VIII.* Certaines carrément anti-françaises comme *Henry V.* Mais on lui a pardonné. On a succombé, on l'a dans le sang. C'est pour la vie.

Pour les Anglais, Shakespeare est avant tout un mystère, leur mystère. Cela fait 400 ans qu'ils se demandent qui était réellement celui qu'ils nomment le Barde. Des milliers de théories, d'articles, d'essais et de thèses universitaires ont étudié la question et l'on continue encore à découvrir des coins d'ombre à visiter. Un homme seul a-t-il pu écrire toute cette œuvre, extraordinaire de force et d'humanité ? N'était-il pas en fait plusieurs auteurs ?

Opinions et théories divergent et se renouvellent avec le temps. La dernière hypothèse à la mode veut que le jeune William ait été élevé en cachette dans la foi catholique romaine. Adolescent, il aurait commencé à gagner sa vie en tant que tuteur de jeunes enfants nobles, le jour, et, acteur, la nuit. Ce goût du secret, inculqué très tôt, lui aurait donné la matière à tous les thèmes de sa future œuvre : le danger du pouvoir, la nécessité vitale d'être discret, l'existence chez l'homme de plusieurs personnalités, le besoin de s'évader et le goût pour la fiction. On avance ainsi que ce même goût du secret expliquerait le fait qu'il n'a laissé, hormis son œuvre, que très peu de traces écrites derrière lui.

On sait cependant qu'il était le fils d'un marchand de cuir et d'une propriétaire terrienne, enfant d'une fratrie de huit dont trois morts en bas âge. Son éducation : forcément solide même s'il ne semble pas avoir fréquenté l'université. D'où les doutes sur la véritable origine de ses pièces. Son mariage, à l'âge de 18 ans avec Anne Hathaway alors qu'elle est enceinte, et âgée de 26 ans, a fait couler beaucoup d'encre. Tout comme son apparente indifférence à la mort de son fils, Hamnet, à l'âge de 11 ans. Voilà pour l'état civil.

Les historiens perdent sa trace pendant sept ans avant de le retrouver à Londres en 1592. Sa réputation jaillit, jalousée mais protégée des puissants. Sa troupe de théâtre installée au Globe, au sud de la Tamise, après l'épidémie de peste des années 1590, connaît un grand succès. Assez pour que le barde puisse se retirer confortablement à Stratford en 1611. Année au cours de laquelle il rédige son testament, léguant ses propriétés à sa fille aînée Susanna, 300 livres à sa fille cadette Judith et, pour tout potage, *"my second best bed"*[1] à sa femme Anne. Anecdote qui fait toujours jaser dans les salons de Mayfair et de St James. En 1623, sept ans après sa mort, deux de ses anciens collaborateurs publient la première édition complète de ses œuvres, soit 38 pièces, 154 sonnets et 2 poèmes épiques.

Les mots du barde ont façonné celle que l'on nomme toujours aujourd'hui « la langue de Shakespeare ». À lui seul, il en a inventé 3 000 nouveaux[2] à une époque où le dictionnaire n'avait pas encore vu le jour.

Sur la sexualité du grand homme, vous pensez bien, tout semble avoir été dit pourtant nous ne saurons jamais vraiment si ses fameux *Sonnets* ont été écrits pour le comte de Southampton ou pour le comte de Pembroke. On dit aussi que le personnage de *Falstaff* correspondrait trait pour trait à Robert Greene, son fameux rival qui l'accusait de plagiat. Enfin, sa fameuse épitaphe qu'il aurait lui-même signée, *"Cursed be he*

---

1. « Mon deuxième meilleur lit ».
2. D'après l'*Oxford English Dictionary*.

that moves my bones"[1], serait en fait adressée à son épouse qu'il détestait au point de frémir à l'idée de reposer à ses côtés.

Les exégètes adorent passer son œuvre au crible des quelques détails connus de sa vie privée. Chaque spécialiste avance à intervalle régulier de nouvelles pistes de réflexion. Ou de divagation. Ainsi, le fait qu'il ait, semble-t-il, choisi de vivre seul, éloigné de sa femme, procure aux lecteurs de base la douce sensation de mieux comprendre les tourments de ses personnages, amoureux passionnés et amants torturés. Quant à l'éminent Richard Wilson, il dépeint le dramaturge comme un jeune poète lié au milieu extrémiste de jésuites terroristes du Lancashire. Tiens, tiens. Mais, rassurons-nous, Shakespeare n'aurait en fait jamais succombé aux sirènes du fanatisme catholique, seulement flirté avec l'idée.

L'un de ses biographes les plus récents, Stephen Greenblatt, l'appelle Will, tout simplement. C'est déjà mieux que Bill, autre diminutif de William. L'éditeur Cape lui a versé une avance d'un demi-million de dollars. Quand on pensait qu'il n'y avait plus rien à découvrir sur le grand homme ! Le livre est déjà un best-seller. Son auteur fait de la vie de Shakespeare une classique *success story* à l'américaine : un jeune homme pauvre monte dans la capitale et devient riche et adoré. Une façon de voir les choses.

Au-delà du mystère, et c'est là l'important, la magie reste intacte. Quand, en mai 1997, le Globe, son théâtre, reconstruit « à l'identique » d'après les quelques plans qui reste de l'époque élisabéthaine, ouvre ses portes, le monde s'y rue. Expérience unique. La troupe du Globe dirigée par l'acteur Mark

---

[1] « Maudit soit celui qui remue mes os ».
L'épitaphe entière est composée de quatre versets :
Good friend, for Jesus'sake forbear
To dig the dust enclosed here.
Blessed be the man that spares these stones,
And cursed be he that moves my bones.

Shakespeare

Rylance, présente son premier spectacle : *Henry V*. La foule du parterre, debout pendant quatre heures, participe à l'action tout en subissant, stoïque, le crachin anglais. Elle hue ces méchants de la cour de France quand ils osent apparaître sur scène. 400 ans plus tard, le barde n'a pas fini de nous provoquer.

Tabloïds

Caniveau Blues

Si Kinnock gagne aujourd'hui, la dernière personne à quitter l'Angleterre est priée d'éteindre la lumière en partant.

Une du *Sun* le matin des élections générales de 1992. Neil Kinnock, le travailliste, perdra devant le conservateur John Major.

Je pense surtout que The Sun *résume l'âge politique des obsédés du moi, moi, moi, maintenant, maintenant, maintenant. La manipulation de son lectorat est vraiment déplorable et ses standards journalistiques gisent dans le caniveau. Si c'était une personne,* The Sun *serait un hooligan plein de bière qui commencerait ses phrases par : « je ne suis pas raciste mais quand même »...*

John, à l'antenne de la BBC.

Oh, que le monde dépeint par les tabloïds britanniques est laid. Si vous saviez à quel point. Tous les jours s'étalent à la une de la presse caniveau d'outre-Manche des photos de femmes nues. Pas de quoi rêver cependant. Pas vraiment érotiques, fort peu alléchants, ces clichés volés de cuisses, fesses, seins qui sentent les UVA et le bistouri. Les informations, ou plutôt les ragots du jour, se glissent à grand-peine au-dessous des photos racoleuses. Pour les titres, rien de compliqué, juste des formules choc et grossières du genre *Chirac is a worm* (autrement dit, *Chirac est un ver de terre*[1]).

Et n'allez pas croire que ces publications s'adressent à une frange peu représentative de la population britannique, à quelques originaux un peu plus excentriques que les autres. Non, ces journaux coup de poing se vendent chaque jour à plusieurs millions d'exemplaires. Ainsi *The Sun* compte dix fois plus de lecteurs qu'un *broadsheet*[2] comme *The Guardian* ou *The Times*. Mais *The Sun* n'est pas le seul. Il fait partie d'une forêt de tabloïds, plus vénéneux les uns que les autres. Les *Daily Mail, Daily Mirror, Daily Express, News of the World,* champions du caniveau, tirent à eux seuls dix millions d'exemplaires par jour. Bien mince à côté, la presse de qualité dite sérieuse : *The Times, The Independent, The Guardian, The Financial Times* et *The Daily Telegraph* affichent 2,8 millions de ventes quotidiennes. La Raison battue à plates de coutures.

Le Tabloïd anglais, c'est le danger public n° 1, comme une grenade dégoupillée en permanence. Surtout quand il devient arme politique. La véritable arme de destruction massive, c'est lui. Et c'est bien pour cela que l'homme politique ambitieux doit s'attirer ses faveurs, coûte que coûte. Quand, en 1996, le *Sun*, fleuron du groupe de Rupert Murdoch, choisit de soutenir la candidature du jeune travailliste, certains observateurs déclarent aussitôt que la victoire de Blair est de facto acquise.

Aujourd'hui, *The Sun* est dirigée par une femme. Cette flamboyante rousse de 40 ans, Rebekah Wade, qui ne donne jamais d'interview et se méfie de la presse comme de la peste, a remanié le journal et l'a fait évoluer... vers encore plus de populisme. Elle a agrémenté

---

1. Formule qui ne passe pas la Manche. Le ver de terre ne fait pas partie de notre stock d'injures. Ils croyaient nous insulter, ils nous font rire.
2. Terme désignant les journaux quotidiens de grand format, dits sérieux, par opposition au petit format des tabloïds.

la veulerie légendaire du journal d'un zeste d'humour et ordonné à ses journalistes de tremper davantage leur plume dans le vitriol. Conservatrice de cœur mais blairiste de la première heure, ex-amie personnelle de Cherie Blair, Wade a soutenu le gouvernement avant, durant et après la guerre en Irak. Elle a évidemment traîné dans la boue l'attitude française selon une vieille tradition du *Sun* quel que soit le rédacteur en chef. Wade ne semble se souvenir de son année d'études à la Sorbonne que pour qualifier Jacques Chirac, à la une, de « ver de terre », puis quelques jours plus tard, de « pute de Saddam Hussein ». Culot et outrance sont les deux mamelles du *Sun*.

Au sujet des demandeurs d'asile et de l'Europe, Rebekah Wade décide de tirer à boulets rouges. En guerre personnelle contre les immigrés et l'euro, elle martèle ainsi, jour après jour et unes après unes que « les demandeurs d'asile apportent le SIDA partout où ils vont » et « dévorent les cygnes de la Reine dans les jardins publics ». Et si vous pensiez que Wade ferait avancer la cause féministe en Grande-Bretagne en répudiant la page 3 du *Sun*, exhibant traditionnellement une jeune fille en string et seins à l'air, vous allez être déçu. Le premier jour de sa prise de pouvoir au *Sun*, la fameuse pin-up de la page 3 s'appelait, tiens tiens, Rebekah, 22 ans et une belle crinière rousse. Wade sait décidément caresser ses lecteurs mâles dans le sens du poil et de la bêtise.

Pourtant l'acharnement avec lequel les journalistes des tabloïds, et du *Sun* en particulier, traquent leurs proies confine parfois à un réel professionnalisme. C'est là une des caractéristiques les plus paradoxales de la presse tabloïd : elle contribue à créer la crème des journalistes d'investigation du pays. Un journaliste de tabloïd peut en effet s'enorgueillir d'un carnet d'adresses bien rempli. Prenez Rebekah Wade par exemple, avec elle, *The Sun* a ses entrées partout. À Downing Street où elle est une intime des Blair, ou au Palais de Buckingham où est reçu son ami Mark Bolland, ancien secrétaire particulier du prince

Charles. Avec elle, les scoops gouvernementaux et royaux s'étalent jour après jour sur les pages de son journal.

Depuis quand *The Sun* sévit-il ? Tout juste quarante ans. L'ironie veut qu'il ait été créé pour servir de contrepoint aux tabloïds conservateurs et populistes du pays. À l'origine donc, *The Sun* se veut « progressiste, féministe, bref, l'enfant des années soixante ». Et puis, patatras ! En 1969, le jeune Rupert Murdoch rachète le journal pour en faire ce qu'il est aujourd'hui : un tabloïd de bas étage vendant « sexe, sport et sensationnel ». En 1978, *The Sun* devient le premier journal de Grande-Bretagne. Une défaite pour l'honneur de la presse.

Quant à la lune de miel entre Blair et *The Sun,* elle durera aussi longtemps que Blair soutiendra Murdoch. Bonne nouvelle pour Rupert, Tony a fait passer une nouvelle loi sur les médias qui libéralise tout le secteur et permet aux géants de la communication comme le groupe Murdoch de se retrouver en situation de quasi-monopole. Quant à l'Europe et l'entrée dans l'euro, seuls points de discorde entre Murdoch et Blair, le sujet a été repoussé aux calendes grecques. Pas le moment de se fâcher, les élections approchent.

The BBC

Le « phare du monde » en danger

On devrait élever la BBC au rang de patrimoine de l'humanité. Une institution à sauvegarder coûte que coûte au même titre que les temples d'Angkor.
                                    Un internaute anonyme.

BBC, en trois lettres et deux notes de musique s'est écrite une des plus belles pages d'histoire du XXe siècle. Même si peu de Français réussirent à entendre l'appel du 18 juin 1940 du général de Gaulle lancé depuis Londres, nombreux ceux qui, au fur et à mesure du conflit, guettaient, l'oreille collée à leur poste émettant en sourdine, les dernières nouvelles du monde libre. Elles avaient souvent la voix et le style satirique et parigot de Pierre Dac ou lyrique et passionné de Churchill. Au travers du brouillage de l'ennemi, arrivaient aussi les ordres de mission sous forme de messages secrets : « les carottes sont cuites, je répète, les carottes sont cuites. » Seule capitale d'Europe à n'avoir pas cédé devant le totalitarisme et sombré dans la barbarie, sous les bombardements, Londres veillait.

Si, pour plusieurs générations de Français, BBC évoque héroïsme, les Anglais se montrent plus familiers. Leur BBC c'est leur *Auntie*, leur Tantine. C'est aussi et toujours l'excellence du journalisme et de l'art dramatique. Ses séries, notamment *Chapeau melon et bottes de cuir, Le prisonnier, Maîtres et valets*, ses adaptations des romans de Dickens ou des pièces de Shakespeare diffusées le dimanche après-midi, ses documentaires, comme *Cathy come home* de Ken Loach et *La mort de la Yougoslavie* d'Alan Little, n'en finissent pas d'être diffusés et rediffusés. Ils ont nourri l'imagination d'auditeurs et téléspectateurs aux quatre coins de la planète et se sont gravés dans leur mémoire.

Mais pour les Britanniques, la BBC, c'est encore plus que ça, depuis plus longtemps.

Flashback. La BBC semble tout devoir à un Italien anglophile : Marconi. Après le succès de ses transmissions en morse, l'Italien résidant en Grande-Bretagne parvient à transmettre voix humaine et musique sur les ondes depuis sa station expérimentale de Writtle dans la province d'Essex. Nous sommes en 1920, la radio est née.

Deux ans plus tard, la *British Broadcasting Company* voit le jour. Au programme : des émissions de qualité, concerts et pièces enregistrées. Une taxe prélevée sur la vente des postes de radios finance leur production. En 1927, devant l'engouement populaire, la société est nationalisée, devenant la *British Broadcasting Corporation*, autrement dit la BBC. Une charte royale de 10 ans renouvelable lui assure une totale indépendance vis-à-vis du pouvoir central.

Les services de télévision de la *Beeb*, eux, voient le jour en 1936 dans des studios de fortune installés dans Alexandra Palace au nord de Londres. Le 12 mai 1937, le couronnement du roi George VI et de son épouse la reine Elizabeth, retransmis en direct par cinq caméras positionnées sur le parcours du cortège royal, émerveille quelque 20 000 téléspectateurs. La qualité des images, étonnante, se montre déjà meilleure que celles du couronnement d'Elizabeth II, quinze ans plus tard !

Un sondage auprès des premiers téléspectateurs durant l'été 1939 révèle la popularité des trois présentateurs vedettes de la chaîne, le succès plus que mitigé des représentations d'opéra et de ballet, le

The BBC

triomphe des programmes de fiction (à l'époque, pièces de théâtre filmées) et l'irritation de voir des films étrangers sur leur petit écran. Déjà!

En septembre, devant la menace de conflit, la BBC ordonne l'évacuation immédiate de ses studios d'enregistrement. Employés et présentateurs laissent derrière eux tasses de thé à moitié bues, cigarettes encore fumantes et notes internes à l'encre encore fraîche. Les studios restent fermés pendant six ans.

Durant la guerre, seule la radio continue à exister. En 1943, l'Angleterre accueille sur ses ondes la Radio des Forces Américaines. Les Britanniques découvrent le jazz et les émissions de la BBC adoptent un style plus frais, plus « yankee ».

Avec le retour de la paix, la télévision reprend du service tandis que BBC World Service remplace BBC Empire. Aujourd'hui encore, la BBC World Service représente la puissance médiatique la plus puissante au monde avec des relais dans le monde entier et des émissions écoutées par des centaines de millions d'auditeurs et de spectateurs.

Les années soixante ont une odeur de soufre : les premières radios pirates diffusent les concerts de jeunes débutants, les Rolling Stones et les Beatles. Bientôt, Radio Caroline, émettant depuis un bateau naviguant dans les eaux internationales, entre l'Irlande et la mer du Nord, passe de la musique pop non-stop à partir du 28 mars 1964. Le succès est fulgurant. D'autres stations pirates comme Radio London entreprennent la même aventure maritime et charment un public lassé par le formalisme et le sérieux de la chaîne nationale. Le gouvernement réagit et légifère. En 1967, la BBC gagne la bataille contre les radios pirates. Elle a compris la leçon et lance une radio « jeune », Radio 1, ainsi que des stations locales, plus proches des auditeurs.

Aujourd'hui, la BBC c'est 28 000 employés en Grande-Bretagne et dans le monde. Un monstre de bureaucratie selon les uns, un géant d'efficacité et d'impartialité pour les autres. Mais, pour la première fois de son histoire, ses détracteurs semblent plus influents que ses défenseurs. Sa charte royale doit être renouvelée en 2006 et nombreuses sont les voix qui réclament la fin de la redevance, et donc, la fin de son indépendance financière et politique. Car la redevance lui garantit chaque année un budget d'environ 2,8 milliards de livres (environ 4 milliards d'euros), soit 30 pence par jour et par personne (40 centimes d'euros).

L'affaire Kelly, suivie du rapport du juge Hutton incriminant certaines pratiques journalistiques, a coûté cher à l'Institution : ses directeur général et président ont dû démissionner en janvier 2004. *Auntie* a même dû demander pardon à Tony Blair.

Pourtant, l'honorable vieille dame jouit toujours d'une réputation de grand professionnalisme. L'irrévérence et l'indépendance d'esprit de ses éditorialistes politiques font pâlir d'envie les journalistes continentaux, et notamment français, plus habitués aux relations incestueuses entre médias et pouvoir.

Avec la récente mise en service d'OFCOM[1], nouveau régulateur du paysage audiovisuel britannique chargé de déréguler davantage le secteur, l'industrie devrait bientôt être concentrée dans les mains de deux ou trois groupes de médias internationaux.

Les Britanniques, espère-t-on, sauront se battre pour défendre notre *Tantine* à tous, ce phare de la plus haute conscience professionnelle et de l'esprit d'indépendance dans le monde.

---

1. OFCOM : nouvel orgasnime régulateur du paysage audiovisuel britannique.

Weather

Ces obsédés de la météo

L'été anglais : trois beaux jours et un orage.
Vieux proverbe anglais.

Longtemps, la météo anglaise a eu sa vedette : la purée de pois. Elle jouait le premier rôle dans les récits de voyageurs perdus dans les rues de Londres « ne distinguant plus le haut du bas » et « ne voyant pas même leurs propres mains. » Dans les rôles principaux du climat anglais, le *fog* et le *smog*. Le premier nommant d'une syllabe le classique brouillard *made in England*. Le second, plus pervers, combinant *fog* et *smoke* : brouillard et âcres fumées industrielles. Humide mariage immortalisé par un paysage sur la Tamise de Turner où le panache noir d'un des premiers *steamers* se détache sur fond de voile brumeux. Ainsi donc, l'étranger promis à un long séjour chez la perfide Albion (si, si, ça se dit encore) se prépare à plonger un jour sur deux, sourd et aveugle, dans l'épaisse nappe humide posée sur la grande ville.

Mais, heureusement, ou malheureusement, selon les points de vue, l'expérience se fait rare. La mienne en valant bien une autre, je me permets de la citer. En dix ans de vie londonienne, je ne me souviens que d'une seule journée de *smog*, mais quelle journée. C'était le 2 février 1996, jour de la mort de Gene Kelly. Pour chasser le spleen, je marchai des heures dans les rues de Londres. Tâtai du pied le bord du trottoir pour me repérer, les bras tendus en remparts, l'oreille à l'affût des sons cotonneux, la brève apparition d'un halo jaune signalant furtivement le réverbère et marquant le haut, tandis que les voitures roulant au pas, de leur halo blanc indiquaient le bas, la rue. Partout, collés sur les humains comme un linge, la nuit, le gris, le mouillé, une solitude sous-marine. Pas le jour pour chanter sous la pluie en ciré jaune, mais bien plutôt pour tomber sur Jack l'Éventreur. Une journée de *black out* en dix ans, où sont les purées de pois d'antan ? Apparemment disparues en même temps que les pollutions de l'époque industrielle. Les docks de l'East End ont été asséchés et les fumées des cheminées, envolées.

Aujourd'hui, plus de *smog*, encore du *fog* et surtout beaucoup de pluie. En se levant, une question : quel temps fera-t-il ? Point de départ de toute conversation et passe-temps national, la météo représente un des socles de la vie sociale des Britanniques, l'obsession de chaque Anglais au réveil.

Routinier leur climat : tempéré, en grande partie océanique, la température varie peu suivant les saisons, grâce à la pluie qui tombe presque sans discontinuer. Cependant, si le baromètre reste stable, le climat britannique présente une particularité notée par tous les visiteurs continentaux. En un mot, il est pénible.

La douceur océanique ne réussit pas à compenser cette froidure humide de l'hiver. Vous la reconnaîtriez les yeux fermés. Elle pénètre jusqu'à l'os et se fiche bien de vos dessous Thermolactyl et de toutes vos couches de laine. Les zones de basse pression couplées aux vents d'ouest et du sud en provenance de l'Atlantique en sont les premiers coupables.

Autre coupable du mauvais temps en Grande-Bretagne ? La France. Forcément. On peut le croire : c'est la BBC qui le dit. Elle explique dans un numéro spécial météo : « le mélange d'air chaud et d'humidité crée des orages à une altitude d'environ 10 000 pieds (soit 3 000 mètres) et nous apporte le tonnerre, les éclairs et de grosses pluies qui proviennent toujours de France. »[1]

Ceci dit, les Britanniques ont décidé une fois pour toutes d'ignorer le mauvais temps. La preuve? Observez le travailleur londonien. Il ne connaît guère l'usage du manteau ou du pardessus. Les hommes vont allègrement travailler en chemisette par un humide 10 degrés, ou en veste, par 5 degrés. Les jeunes noctambules se présentent vers minuit à la porte des boîtes de nuit, à moitié nus, bras, nombril et gambettes à l'air par quelques degrés au-dessus de zéro. Mais réchauffés par l'alcool (voir chapitres *Binge drinking* et *Clubbing*).

Ainsi, contre le froid, les Anglais ont trouvé la réponse : refouler, nier l'évidence, forcer la réalité, et faire contre mauvaise fortune bon cœur. Admirable réaction comparée à celle des Français qui répètent invariablement : « Ah, quel temps ! ». Et de la pluie, les Britanniques ont su faire un atout : rois du jardinage, ils sont passés maîtres dans l'art de tirer parti de toute cette eau providentielle.

Alors, quand le soleil sort de sa cachette : d'une main, ils se dévêtent en quelques secondes, de l'autre, ils décapotent leur voiture-cabriolet et se ruent sur la première terrasse qui s'offre à eux. Même si l'éclaircie intervient en plein mois de janvier et ne dure qu'une demi-heure, vous pouvez être sûr que ces précieux UVA seront immédiatement absorbés par des peaux au teint de porcelaine.

Chez nos voisins, le besoin irrépressible de soleil dans leur île ou à l'étranger est à l'origine du taux élevé des cancers de la peau[2]. Bien sûr, les Français et autres Latins ne sont pas plus raisonnables, mais leur épiderme est, peut-on penser, moins fragile. Rien à faire, nos amis britanniques sont tellement sevrés de soleil toute l'année, qu'ils tiennent à profiter au maximum

---

1. Vu sur le site Météo de la BBC.
2. 65 000 nouveaux cas chaque année selon l'association des dermatologues britanniques.

des rares moments où il s'offre à eux. D'où le passage, aux beaux jours, d'un teint de porcelaine à un teint de brique.

S'ils se montrent stoïques face à leur climat, les Britanniques en revanche s'agacent de son caractère imprévisible, défaut habituellement attribué à tout ce qui est continental ou européen, bref non-britannique.

Ce qui n'empêche pas le présentateur vedette de la BBC, Michael Fish, de figurer au panthéon des célébrités du pays. Il se trompe la plupart du temps, qu'importe, ses fidèles se régalent de ses excuses répétées. En octobre 1987, Fish n'avait pas annoncé les vents de 130 km/h qui, en quelques heures, causèrent près d'un million de livres de dégâts dans le pays. On lui pardonne, il s'excuse si bien.

Oui, le climat britannique et ses aléas peuvent rendre fous les Continentaux de passage mais n'oublions cependant pas qu'il a inspiré bien des écrivains et des poètes. Keats, Milton, Byron ont chanté les louanges de ces belles nappes gorgées d'eau qui font les somptueuses pelouses d'Oxford, et la végétation luxuriante des cimetières d'Angleterre.

Offrez-vous la visite du cimetière de Highgate, au nord de Londres, par une après-midi pluvieuse d'octobre. Vous y êtes accueillis par les ombres de Karl Marx et George Eliot, et vous voici soudain immergé dans un tableau de Claude Le Lorrain où le soleil pointe derrière une brume dorée. La végétation a des allures pré-raphaélites, la vue du lierre recouvrant les pierres tombales vous transporte dans l'Angleterre de William Morris.

Comme a dit, ou pourrait dire, quelque célèbre poète : « Ô pluie, ô Angleterre, ô divins rhumatismes, n'ai-je donc tant souffert que pour cette vaine accalmie ? »

Trash

La vulgarité, nouvelle « élégance » ?

*Mal, soit mon bien,
Laideur, soit ma beauté.*
   Extrait de *Paradise Lost* du poète John Milton.

Posons tout d'abord que tous ceux qui seraient tentés de décerner à l'Angleterre le record du mauvais goût sont d'ignobles rustres mal léchés. En revanche, elle semble bien avoir été la tête de pont en Europe du *Trash*[1], le *Trash* des années 1990, celui que l'on retrouve aujourd'hui partout en Europe. Le *Trash* ou la vulgarité brutale érigée en nouvelle « élégance ».

Nous autres Français nous sommes décerné depuis fort longtemps le certificat du goût (du bon et du meilleur). Que nous consentons parfois à prêter à nos cousins italiens. Les Britanniques, eux, nous ont toujours fait rire. Avouons-le, leur goût vestimentaire nous semble cocasse, leurs intérieurs plus pratiques qu'esthétiques, et leur gastronomie peu raffinée. Dans tous ces domaines, nous nous permettons de sourire d'un air entendu. Pour le moins.

Mais, ô surprise, au milieu des années 1990 avec l'arrivée du plus jeune Premier ministre britannique au pouvoir, la tendance s'est inversée. Tout à coup, l'Anglais et ses excentricités devenait cool et d'avant-garde. Des maisons de couture parisiennes presti-

---

1. Pacotille, camelote sans valeur. Voire ordure.

gieuses se sont soudain arraché des stylistes au talent auréolé d'un grand plus, leur nationalité. Parmi les plus connus, Alexander McQueen, John Galliano, Stella McCartney. Au même moment, les Spice Girls, drapées dans l'Union Jack, grimpaient au sommet des hit-parades européens. Le farfelu *Mr Bean* redonnait ses lettres de noblesse à l'humour anglais tandis que *Trainspotting* de Danny Boyle faisait frémir les jeunes Européens. À la télévision, Antoine de Caunes livrait dans un accent forcé à faire peur son *EuroTrash* avec, pour présentatrice, Melinda Messenger, ex-girl d'une page 3 du *Sun*[1].

Lentement mais sûrement, l'avant-garde déjantée prit alors des allures vraiment *Trash* et *crass*[2]. Le marketing s'empare du phénomène afin de transformer l'étincelle créatrice en machine à fric. Ainsi, Norman Rosenthal, directeur controversé de la Royal Academy, décide de remplir les caisses plus que vides de la vénérable institution en invitant Charles Saatchi à y exposer une partie de ses collections. Nous sommes en 1997, l'exposition en question se nomme *Sensation*.

Le but de *Sensation* est évidemment de faire sensation. Facile. Au menu, les mannequins de cire des frères Chapman représentant, hormis leurs socquettes blanches, des petites filles et garçons nus aux bouches et nez en forme d'anus et de pénis. On a pris soin de les placer à part, dans une salle pour adultes, afin de mieux attirer les foules. On expose à la vue de tous, en revanche, un cliché noir et blanc très célèbre outre-Manche, représentant la tueuse d'enfants des années 1960, Myra Hindley, reproduite sur toile à l'aide de l'empreinte de petites mains d'enfants. Des représentantes de l'Association des Mères contre les Meurtres d'Enfants, ont posé leur tente sur le parvis de la Royal Academy. Là, un mois durant, elles ont

---

1. Tous les jours, *The Sun* publie en page 3 une jeune femme nue (en string pour être exact).
2. Grossières.

tenté de barrer la route aux visiteurs. Flashs, interviews, caméras de télévision, *Sensation* atteignait son but. Les créanciers de la Royal Academy n'avaient plus de souci à se faire.

« Le but de l'art est de choquer », explique Norman Rosenthal. « Oui, mais quand c'est sa seule et unique fonction, on peut commencer à se poser des questions » demande publiquement l'historien d'art Theodore Dalrymple et il continue « Trash, Violence et Versace : un résumé assez juste de l'esthétique de cette exposition ». Il a cité Versace comme il aurait pu citer la plupart des grands noms du prêt-à-porter européen. On y observe en effet, depuis près de dix ans, la même évolution vers le *Trash. Trash is chic. Yes, but is it art ?* Ça, c'est une autre histoire. Le temps jugera.

À noter que Victoria Beckham, personnalité Trash par excellence, ex-star des Spice Girls, épouse du footballeur David Beckham, lui-même idole des jeunes et icône gay, ne jure que par Versace et Dolce&Gabbana. Quant aux hommes dans le coup, conscients de leur image, ils s'habillent en hooligans, c'est-à-dire en Burberry et chemise Yves Saint Laurent. Ils ignorent sûrement que de nombreuses boîtes de nuit de Londres refusent l'entrée aux jeunes hommes ainsi vêtus. En effet la tenue « classe » Burberry et chemise griffée est devenue le symbole de plusieurs gangs de voyous en Grande-Bretagne.

Pardon ? Burberry, la vénérable marque synonyme de classe et de distinction, créatrice de ce *trench-coat* qui a traversé le XXe siècle sans prendre une ride serait à présent signe de reconnaissance des hooligans anglais ? Mais oui, il y a de ça. Sans doute parce que pour rendre leur image plus *sexy*, la direction de Burberry a changé de cap au milieu des années 1990. Les *celebrities*[1] de seconde catégorie se sont accaparé le célèbre motif écossais beige. Caniches et labradors célèbres se sont fait photographier avec leur petit

---

1. Célébrités.

mackintosh sur le dos. Les hooligans leur ont emboîté le pas. Et voilà comment le serpent quadrillé se mord la queue : les hooligans et la Reine s'habillent de même. Réussite éclatante du marketing ou victoire démocratique ? Un peu des deux. N'importe, attention à l'overdose.

Trains

Rien ne va plus au pays de la Révolution industrielle

Tout le monde sait que la privatisation a été un désastre complet. Les chemins de fer furent démembrés en cent treize morceaux différents, comme les perles d'un collier que l'on brise.
Un haut-fonctionnaire
cité par David Hare dans The Permanent Way.

La grande question est de savoir si les chemins de fer peuvent être vus comme une métaphore de la Grande-Bretagne moderne : un pays où rien ne fonctionne.
Michael Billington, critique.

En général, les clichés ont la peau dure. Pourtant, il en est qui, un beau jour, explosent en vol. Comment diable le pays de la Révolution industrielle, le héraut de la technologie moderne, la nation la plus innovatrice, le berceau de tant de prouesses techniques qui ont changé la face du monde, comment ce pays peut-il aujourd'hui personnifier la faillite nationale des services de transport public ?

Pas un jour ne passe sans que la presse britannique ne fasse ses gros titres sur l'enfer quotidien vécu par les usagers. Les désastres ferroviaires se sont multipliés entre septembre 1997 et mai 2002. Southall, Ladbroke Grove, Hatfield et Potters Bar résonnent dans les mémoires avec les images sinistres et interchangeables des catastrophes du rail. La fatalité ? Pas du tout, la conséquence inévitable de la très mauvaise gestion conservatrice puis travailliste du chemin de fer.

La privatisation des chemins de fer, la Dame du même métal en rêvait. Elle avait commandé des études et des plans à tous les *think-tanks*[1] ultra-libéraux. Et avait gagné contre l'avis des professionnels du rail. Mais elle n'avait eu le temps de légiférer avant son départ de Downing Street. En 1996, persuadé que les travaillistes vont revenir très vite au pouvoir, le gouvernement de John Major doit procéder « en vitesse » à la privatisation. Un décret fraîchement signé, le *Railtrack Act* fait voler en éclats l'exploitation des chemins de fer. En vingt-cinq éclats exactement. Chacun est cédé à une société privée. Quant à l'entretien des lignes il échoit à une multitude de sociétés sous-traitantes concurrentes censées être supervisées par Railtrack, plus gros monopole privé du pays. Et voilà que les nouveaux propriétaires des morceaux de la British Railways s'avisent qu'ils ont fait une très bonne affaire et décident de continuer : ils revendent à tour de bras. Les chemins de fer sont devenus objet de spéculation boursière. Jugez plutôt : en deux ans, l'action Railtrack passe de 3,90 livres à 17,68 livres.

Dans son film *The Navigators*[2], le réalisateur Ken Loach nous raconte la privatisation vécue au quotidien par Paul, Mick, Len et Gerry, quatre cheminots de vingt-cinq à soixante ans. Leur travail : vérifier chaque jour les systèmes de signalisation des voies et assurer la maintenance des rails. Ils travaillent au dépôt de Sheffield dans le Yorkshire. L'atmosphère est bon enfant quoique pas toujours drôle, surtout quand il faut passer des heures à réparer les voies sous une

---

1. Groupes de réflexion supposés indépendants du pouvoir politique et des intérêts financiers.
2. Dont le scénario a été écrit par Rob Dawber, un cheminot décédé en 2002 d'un cancer provoqué par l'exposition à l'amiante durant ses 18 ans de travail dans les chemins de fer.

pluie battante. Heureusement, le *mug* de thé bouillant que l'on prépare à tour de rôle et les blagues de collégiens contre la tête de turc du dépôt rassérènent les quatre gaillards. Une équipe qui marche.

Paul, Mick, Len et Gerry apprennent la privatisation des chemins de fer nationaux un matin, en arrivant au dépôt. La nouvelle direction les convoque pour leur montrer un film. Tandis que défilent les images, les amis et leurs collègues gloussent en entendant les mots pompeux définissant la nouvelle culture de leur entreprise. Ils s'esclaffent devant les expressions de la langue de bois qui leur promettent « la pérennité de leur emploi » en échange d'un travail « efficace et performant ». C'est sur les rails que les quatre hommes comprennent que les choses ont changé. Les sociétés concurrentes recrutent des intérimaires sans expérience ou d'anciens agriculteurs au chômage, qui ne connaissent ni les règles de sécurité ni l'équipement. Bientôt, on leur demande d'acheter, à leurs frais, leur tenue de travail. C'est l'engrenage des erreurs et du découragement. Enfin, l'accident mortel.

En quelques années, le joyau anglais, faute d'une maintenance rigoureuse et d'investissements depuis longtemps nécessaires, a vieilli et s'est dégradé. Les prix des billets, eux, ont atteint des sommets. Après les premiers accidents mortels d'Hatfield et Southall, les gestionnaires des différentes lignes du réseau rejettent la faute sur Railtrack et refusent de recevoir les familles des victimes. Résultat, en 2004, le gouvernement travailliste n'a pu qu'entériner la renationalisation effective mais inavouée de Railtrack pudiquement appelée « la mise en administration directe de Railtrack ».

Ken Loach n'a pas été le seul à se pencher sur cette catastrophe nationale. Le dramaturge David Hare, ancien enragé du théâtre anglais, a présenté fin 2003 *The Permanent Way* sur les scènes des théâtres du pays et remporté un énorme succès. Sa pièce-documentaire est faite d'extraits de dizaines d'entretiens menés auprès des rescapés des accidents ferroviaires, d'opérateurs privés du réseau, d'actionnaires, de banquiers et de haut-fonctionnaires du ministère des Transports. Le résultat est effarant.

On avait en effet oublié que le 23 mars 1995, Tony Blair, alors chef de l'opposition, haranguait la foule des députés et déclarait que la privatisation des chemins de fer était « absurde. » « Les conservateurs veulent remplacer un réseau coordonné et cohérent par un fourre-tout de sociétés privées liées entre elles par des kilomètres de contrats administratifs, le tout géré par un monstre de bureaucratie. Quand l'opinion publique apprendra le coût et le chaos de l'opération, leur colère ne fera que grandir. » Et David Hare, le dramaturge, de demander : « Comment continuer à respecter un homme qui, lorsqu'il était député croyait en l'évidence d'une situation, pour penser exactement l'opposé une fois élu ? Comment, ce qui est vrai un jour, devient faux le lendemain ? On comprend mieux pourquoi les électeurs ont le sentiment que seuls les politiciens ne voient pas ce qui est évident pour tous. »[1]

La pièce de David Hare ne se veut pas gratuitement provocante. Il ne s'agit pas de défendre le prolétariat contre un monstre invisible. Il s'agit plutôt de dénoncer le fait que « le culte de l'ingénieur ferroviaire a été remplacé par le culte de la Harvard Business School. Les ouvriers et ingénieurs qualifiés pleurent en fait la fin de la transmission des savoirs » résume le critique Neal Ascherson[2].

Pour David Hare, l'horreur de la situation ne provient pas tant des catastrophes ferroviaires pourtant terribles, mais de l'incurie administrative et de la complicité de toute une société attirée par la possibilité de profits rapides et faciles. L'exposé de la situation est incroyable. Pourtant, comme dit Shakespeare en sous-titre de sa pièce *Henry VIII*, *It's all true*[3].

---

1. Dans *The Guardian*, 1ᵉʳ novembre 2003.
2. Dans *The Observer*, 9 novembre 2003.
3. « Tout est vrai ».

YBAs

Les Young British Artists

Créer un restaurant me procure beaucoup plus de satisfaction que l'art. C'est vraiment le fruit de mon inspiration. Les serveurs sont habillés en Prada, le mobilier a été dessiné par le styliste Jasper Morrison. C'est géant. Pharmacy *est là pour durer des siècles.*
Damian Hirst.

L'image de l'art anglais, tranquille et rassurante représentée par John Constable ou Thomas Gainsborough, finalement rarement troublée par des novateurs inspirés comme Turner et Francis Bacon, s'est soudain craquelée lorsqu'ont surgi au début des années 1990 les jeunes lions de l'avant-garde britannique. Ces fameux YBAs, autrement dit les Young British Artists. En seulement dix ans, ils se sont hissés au rang de nouveau cliché. Au point que lorsqu'on songe aujourd'hui aux jeunes artistes anglais, on se dit qu'ils découpent tous des animaux en rondelles pour les conserver dans des jarres de formol.

Les YBAs ont vu le jour à la fin des années conservatrices et du mandat de John Major. Un soir de 1988, les étudiants du collège d'art de Goldsmith organisent tout seuls leur exposition de fin d'études. À l'époque, un collectionneur qui a fait fortune dans la publicité se met en quête de tout ce qui est nouveau. Son nom, Charles Saatchi, frère de Maurice, célèbre publicitaire et grand communicateur, le Séguela

Les Nouveaux Anglais

anglais, responsable des campagnes de Margaret Thatcher. C'est à cette exposition de fin d'études que Saatchi découvre les espoirs de l'avant garde britannique et achète leurs premières œuvres. Il devient ainsi le mécène et protecteur de Damian Hirst, Ian Davenport, Anya Gallaccio, Gary Hume, Michael Landy, Sarah Lucas et Fiona Rae.

Quelques années plus tard, Saatchi achète un entrepôt à St John's Wood, au nord de Regent's Park, pour exposer leurs œuvres. Loin des galeries du West End, petites et conservatrices, l'entrepôt de Saatchi, immense, a des allures de loft. La sauce prend, le succès est immédiat. On y voit pour la première fois, en 1992, le requin coupé en tranches conservé dans du formol de Damian Hirst et un moulage congelé de la tête du sculpteur Marc Quinn, fait de huit litres de son propre sang et conservé dans une glacière transparente.

En mai 1996, une ère nouvelle s'ouvre en Grande-Bretagne. L'élection de Tony Blair, plus jeune Premier ministre de l'histoire du pays, un travailliste, après 18 ans de pouvoir conservateur, déploie les ailes de la majorité des Britanniques. Un optimisme enivrant règne. La glacier américain Ben & Jerry a bien saisi ce renouveau et sort au printemps 1996 un nouveau parfum baptisé Cool Britannia[1]. Les médias du monde entier reprennent en chœur l'expression. En novembre 1996, le magazine américain *Newsweek* déclare en couverture : « Londres, cité la plus cool au monde ». Tout est dit. Jusqu'au début des années 2000, tout ce qui est anglais est cool. Britpop, Britart, Britfilm, Britfood : tout ce qui sort de l'imagination britannique devient produit de convoitise. Et les YBAs se retrouvent au centre de la Cool Britannia.

Ils sont consacrés un an plus tard lors du vernissage de *Sensation*, exposition organisée par la Royal Academy en 1997. Cette vénérable institution est en plein marasme financier et en mal de publicité. Elle

---

1. Vanille, fraise et biscuit au chocolat.

YBAs

se doit de frapper fort dans la fourmilière des arts anglais et décide d'exposer les enfants terribles de l'avant-garde anglaise, sortis des écoles d'art du pays à la fin des années 1980. Le choc escompté se produit au-delà de toutes espérances. Des manifestants campent dans la cour du musée des jours entiers. Les tabloïds s'enflamment. La mayonnaise prend, les caisses de la R.A. se remplissent à nouveau dans le tumulte et la contestation.

Le *Daily Mail* titre : « Depuis plus de 1 000 ans, l'art est une de nos grandes forces. Aujourd'hui, des moutons au formol menacent de faire de nous des Barbares. » Le député conservateur George Walden ajoute : « N'importe quel épisode des *Simpsons*[1] possède plus d'esprit, d'intelligence, d'originalité que toutes les œuvres réunies des YBAs. » Scandale !

À cette fameuse exposition, suivie deux ans après par sa sœur jumelle, *Apocalypse*, trône une tente sitôt devenue célèbre signée Tracey Emin. À l'intérieur, le visiteur découvre une photo de l'artiste, en tenue d'Eve, mais aussi, brodés sur la toile, les noms de tous ses amants et des deux enfants dont elle a avorté. Le nom de l'œuvre : *Everyone I Have Ever Slept With 1963-1995*.

Dans la salle suivante, les mammifères découpés en tranches et conservés dans du formol de Damian Hirst fixent le visiteur d'un regard encore étonné. Enfin, des mannequins d'enfants dont les yeux, bouches, nez et oreilles ont été remplacés par des anus et pénis, conçus par les frères Chapman achèvent de choquer le public. En prime, il peut admirer une œuvre de Chris Ofili, baptisée *La vierge noire*, portrait de femme parsemé de bouses sèches d'éléphants, précieusement collectées en Afrique.

Grâce à *Sensation*, et en l'espace de quelques mois, les YBAs deviennent des artistes recherchés, étudiés, disséqués, interviewés, cotés au marché, et adorés. Sotheby's ouvre un immense entrepôt dans

---
[1]. Série de dessins animés américaine iconoclaste.

Les Nouveaux Anglais

l'East End[1], regroupant sa première collection d'art contemporain. Ses premières ventes font recette et déclenchent l'hystérie des collectionneurs. Les jeunes artistes anglais de cette nouvelle avant-garde deviennent une valeur sûre. Leur art conceptuel se vend comme des petits pains.

Ils en profitent, et deviennent entrepreneurs. Car tout ce qu'ils touchent semble se transformer en or. Ainsi, Damian Hirst ouvre *Pharmacy* un restaurant dans le quartier *trendy*[2] de Notting Hill, la même année que *Sensation*. À l'intérieur règne le blanc, des bocaux s'alignent sur des étagères en acier, des natures mortes composées de pilules de toutes les couleurs encadrées et accrochées aux murs voisinent avec des appareils chirurgicaux, sparadrap et autres matériels médicaux. On y sert de la *Modern British Cuisine*, synthèse des traditions culinaires du bassin méditerranéen. C'est bon, c'est cher, les clients sont riches. En quelques semaines, *Pharmacy* devient la cantine des YBAs et des jeunes loups de l'internet et de la finance. Nous sommes en plein boom des *dotcoms*[3]. Le succès est tel que l'on parle de coter *Pharmacy* en bourse et de créer des franchises un peu partout dans le monde. À l'époque, Hirst se confie au critique Anthony Haden-Guest[4] : « *Pharmacy* est là pour durer des siècles. » Trois ans plus tard, le restaurant conceptuel ferme boutique. Peu importe, la vague YBA continue à faire rage.

New York accueille *Sensation*. Le maire Rudolph Giuliani se déchaîne contre les artistes « blasphémateurs », exige que les œuvres les plus choquantes soient retirées. Des deux côtés de l'Atlantique, le chahut redouble d'intensité. Pour les YBAs, c'est la consécration internationale.

---

1. Quartiers Est de Londres : Old Street, Shoreditch, Hoxton, Aldgate East, Bricklane, Bethnal Green.
2. À la mode.
3. *Dotcoms*, expression consacrée pour nommer toutes les entreprises opérant sur internet.
4. Dans *The Guardian*, 19 septembre 2004.

YBAs

Au même moment, Tracey Emin, la femme à la tente, monte en grade. La Tate Gallery expose son « lit souillé ». Tracey y a passé une semaine à fumer, se saouler et faire l'amour. Bouteilles de vodka, cendriers débordants de mégots, petites culottes sales et autres vestiges jonchent les draps. Témoignage éclatant de l'art conceptuel. C'est l'émeute aux portes de la Tate et l'affolement chez les critiques d'art anglais. Le gourou de l'art contemporain, Charles Saatchi, donne le la : il achète l'œuvre de Tracey pour près de 300 000 euros.

Aujourd'hui, les YBAs millionnaires frisent la quarantaine, mais continuent sur leur lancée, appliquant année après année une recette toute simple : choquer.

Conclusion

Et voilà trente-quatre clichés sur nos amis britanniques. Finalement peu pour pénétrer l'âme de nos voisins d'outre-Manche. Plus vous les observez, mieux ils gardent leur secret. Qui sont-ils vraiment ? Avec leurs travers et leurs charmes, une grande nation, à coup sûr.

Remerciements

Last but not least, je tiens à remercier, pour son soutien de tous les instants, l'épatante Nicole Parrot, lectrice experte et grande anglophile.

Table des matières

Préface de Jean Tulard 11

Avant-propos 13

Apologies
L'art de s'excuser à tout bout de champ 17

Beatles et Rolling Stones
Les rois de la pop et du rock 21

Binge drinking
Comment boire, boire, boire encore, et puis vomir 25

Bingo !
Ces joueurs invétérés 29

Bollywood
*La montée en puissance de la troisième génération
indo-pakistanaise dans la culture britannique* 33

British Humour
Pas de doute, ils sont toujours les plus drôles 37

Chapeau melon et bottes de cuir (*The Avengers*)
On ne porte plus de chapeau melon en Angleterre ! 43

Clubbing
Danser à se perforer les tympans 47

Countryside
L'amour démesuré des Anglais pour la campagne 51

Eccentricity
Les maîtres de l'excentricité 55

English Breakfast
Bacon et œufs sur le plat, souvenir, souvenir 61

Five O'Clock Tea
Vous reprendrez bien une tasse de thé ? 65

Fish & Chips et Modern British Cuisine
Comment les Anglais sont devenus des fous de gatsronomie .. 71

God save the Queen
Monarchie : son rôle, sa place, son avenir 75

Harrods
Le snobisme à l'anglaise 81

Hooligans – *La rébellion à l'anglaise* 87

Hugh Grant
Les multiples facettes du cinéma anglais 91

James Bond
Le mythe du gentleman 95

London Eye
Une capitale en mutation constante 99

Londonistan
Londres, terre d'asile pour extrémistes en tout genre 103

Margaret Thatcher
Les ravages du temps 109

Marks & Spencer
Le commencement de la fin 113

No sex please, we're British !
La schizophrénie sexuelle de nos voisins 117

Petmania
Jusqu'où ira leur passion des animaux ? 121

Proms
L'amour fou des Anglais pour la musique 125

Pubs
La fin d'un mythe 129

Queueing
De l'art de faire la queue 133

Shakespeare
Une valeur sûre 137

Tabloïds
Caniveau Blues 143

The BBC
Le « phare du monde » en danger 147

Weather
Ces obsédés de la météo 151

Trash
La vulgarité, nouvelle « élégance » ? 155

Trains
Rien ne va plus au pays de la Révolution industrielle 159

YBAs
Les Young British Artists 163

Conclusion 169

Remerciements 171

Achevé d'imprimer sur les presses
de l'imprimerie France Quercy à Cahors
N° d'impression : 50852/
Dépôt légal : mars 2005

Imprimé en France